Le

Laurent Flieder
Maître de conférences à l'université de Paris-X

MÉMO

Seuil

MÉMO

COLLECTION DIRIGÉE PAR JACQUES GÉNÉREUX

EXTRAIT DU CATALOGUE

LETTRES - FRANÇAIS

18. *Aborder la linguistique.* Dominique Maingueneau

19. *Les Grands Courants de la critique littéraire.* Gérard Gengembre

20. *Les Termes clés de l'analyse du discours.* Dominique Maingueneau

21. *Les Termes clés de l'analyse du théâtre.* Anne Ubersfeld

22. *L'Analyse des récits.* Jean-Michel Adam et Françoise Revaz

23. *L'Argumentation.* Christian Plantin

24. *Le Comique.* Jean-Marc Defays

25. *La Conversation.* Catherine Kerbrat-Orecchioni

26. *Le Roman.* Gilles Philippe

27. *Commentaire composé et Explication de texte.* Nathalie Marinier

28. *La Dissertation littéraire.* Hélène Merlin

46. *Aborder la poésie.* Hédi Kaddour

62. *Les Romans de Giono.* Véronique Anglard

63. *Réalisme et Naturalisme.* Gérard Gengembre

64. *La Phonétique du français.* Nicole Derivery

65. *La Nouvelle.* Franck Évrard

74. *Langage et Société.* Josiane Boutet

75. *La Tragédie grecque.* Christophe Cusset

95. *La Communication médiatique.* Guy Lochard et Henri Boyer

96. *Les Romans clés de la littérature française.* Yves Stalloni

97. *Les Romans de Flaubert.* Michel Martinez

98. *Les Figures clés du discours.* Marc Bonhomme

99. *Le Roman français contemporain.* Laurent Flieder

ISBN 2-02-030934-3

© *Éditions du Seuil, avril 1998*

SOMMAIRE

1. Le roman aujourd'hui 4

2. La tradition psychologique. 10

3. La tradition philosophique 14

4. Les romans de l'intime 19

5. L'alternative autobiographique. 24

6. Les détours de l'autofiction 30

7. La métamorphose des « avant-gardes » . . . 36

8. De la parodie au minimalisme 43

9. Le nouveau réalisme 47

10. Y a-t-il un roman oulipien ? 52

11. Un groupe littéraire :
la « nouvelle fiction ». 56

12. Le souffle épique 61

13. Des univers très personnels 66

14. Un hyperréalisme fantastique. 71

15. Aspects du roman historique 75

16. Du néo-polar au roman noir 79

17. Le nouvel âge de la littérature antillaise . . 85

18. Romans de crise
et romans « branchés » 89

19. Bilan : les nouveaux aspects du roman. . . 92

Index des auteurs cités 95

Dresser d'ores et déjà un panorama du dernier quart de siècle romanesque relève de la gageure. Le premier obstacle, outre une totale absence de recul, tient au risque de se laisser influencer par une actualité où sont valorisés de manière éphémère certains phénomènes de mode au détriment d'auteurs majeurs. C'est dire que la difficulté première est celle du choix. Dans les strictes limites imposées par une démarche pédagogique qui vise à offrir des repères, si l'on ne veut pas se contenter d'une énumération inutilisable, il faut taire bien des noms. En conserver un peu plus d'une centaine, et environ trois fois plus de titres, tout en sachant d'emblée qu'ils ne sont ni les seuls ni les meilleurs, à coup sûr, de leur époque. Considérons seulement que leur regroupement offre de mieux appréhender le visage en mouvement de la création romanesque actuelle, et parions qu'un bon nombre de ceux qui « resteront » figurent parmi ces pages. Au risque d'être contredit par la postérité, comme c'est souvent le cas en matière de création.

A. ÊTRE ROMANCIER EN 1998

a. Coup d'œil sur l'édition

● **Les grandes maisons d'édition** parisiennes reçoivent quotidiennement jusqu'à vingt manuscrits d'auteurs débutants. On considère généralement que seul **un sur mille se verra publié**. C'est là, bien sûr, la première et la plus importante des sélections. Face à cette masse d'écrits, les critères sont extrêmement variables et parfois incohérents : chaque éditeur garde le souvenir cuisant d'avoir refusé tel ou tel auteur qui a fait par la suite la fortune de l'un de ses concurrents. Néanmoins, chacun tâche également de posséder une « ligne éditoriale » plus ou moins nettement définie, et choisit les manuscrits en fonction de l'image et du type de littérature qu'il souhaite promouvoir.

● **L'édition de littérature n'est pas, aujourd'hui, une activité lucrative.** Sa part dans le chiffre d'affaires de l'édition ne cesse de décroître : de 25 % en 1980, elle est passée en 1996 à 17,7 %, alors qu'augmente la part des livres scolaires, pratiques ou des encyclopédies. Si bien que les **éditeurs spécialisés en litté-**

rature sont de moins en moins nombreux et de plus en plus
fragiles. Les grands groupes (n'oublions pas que l'édition française est à 80 % aux mains des deux groupes Hachette et Havas)
développent d'autres activités, tandis que les éditeurs littéraires
ont tendance à saturer le marché d'ouvrages supposés plaire à un
vaste public.

● **On publie environ quatre cents nouveaux titres** de romans
français par an, dont près de trois cents lors de la « rentrée » de
septembre. Même le plus consciencieux des critiques ne peut
donner un compte rendu fiable d'une telle production, si bien
qu'un inévitable effet « loterie » en est la conséquence : la majo-
rité de ces ouvrages disparaît dans les trois mois suivant la publication sans avoir trouvé son public.

● **L'importance croissante du « marketing »** en est une conséquence immédiate. La promotion des auteurs se fait à travers les
émissions de télévision ou la presse grand public. Mais elle favo-
rise les auteurs consacrés, ceux qui bénéficient d'une notoriété
acquise par ailleurs, ou qui brillent par leur art de l'interview ou
leur photogénie, ce qui n'est pas nécessairement la qualité attendue d'un romancier.

● **Les auteurs débutants** ou de moindre renommée trouvent
abri auprès de petites maisons d'édition souvent artisanales, dont
la capacité de production est limitée à une dizaine de titres par an
et dont la santé financière est précaire. En outre, ces éditeurs pas-
sionnés et indépendants sont écartés du jeu des prix littéraires et
ne peuvent donc compter sur la manne qu'ils représentent en cas
de succès.

Sans noircir à l'excès le tableau, on comprend comment le
contexte éditorial actuel n'est pas favorable à la fiction ni à son
renouvellement.

● **Pourtant, la demande demeure importante.** Le roman (français ou traduit, tous formats confondus) représente encore à
lui seul 28 % du total des exemplaires de livres vendus, et les
romans contemporains y figurent pour près de 47 millions
d'exemplaires (en 1996) : c'est, de très loin, le type d'ouvrages
le plus répandu. **Un livre, en France, aujourd'hui, c'est
d'abord un roman.**

b. Un métier particulier

● **Le tirage d'un roman** varie entre trois mille exemplaires pour
un débutant (qui peine généralement à en vendre mille, seuil de

rentabilité pour l'éditeur) à trois cent mille en moyenne pour un prix Goncourt. Les auteurs touchent environ 10 % du prix de vente hors taxe. Sachant que les plus prolixes parviennent difficilement à publier un livre tous les deux ans (mais ce délai peut couramment atteindre de quatre à six ans), on comprend qu'être romancier n'est pas, sauf exception, une occupation lucrative.

● **Quelques dizaines d'entre eux seulement vivent** ainsi de leur prose, encore les droits d'adaptation audiovisuelle entrent-ils pour beaucoup dans leurs gains. La plupart des romanciers ont une activité professionnelle différente, et l'écriture occupe leur temps libre, leurs vacances ou leurs nuits. Ils sont souvent enseignants, journalistes, éditeurs ou… critiques littéraires. Ajoutons encore que le nombre de femmes auteurs de manuscrits de fiction ne cesse actuellement de croître.

● **Cette allure mélangée du métier de romancier est à l'origine de nombreux abus.** Il n'est pas, en effet, de vedette de cinéma ou de télévision, d'homme politique ou de grand couturier qui ne publie, à un moment ou à un autre de sa carrière, un « roman » auquel la notoriété de l'auteur assure un succès commercial, au détriment souvent des œuvres de romanciers plus professionnels mais moins connus.

● **Le métier de romancier ne se confond pas nécessairement avec celui d'écrivain.** L'aptitude à la fiction, la richesse de l'imagination, la précision de l'observation, du rendu des détails et des paroles, la transposition du souvenir et la qualité de la documentation comptent, en proportions très variables, parmi les talents nécessaires. La réflexion intellectuelle, la pensée théorique, l'exposition d'idées sont plus propices à l'élaboration d'essais, alors que la préoccupation égocentrique, elle aussi très partagée, s'épanouit dans le genre profus des mémoires et des autobiographies.

B . UNE FAMILLE ÉCLATÉE

a. Il y a Roman et roman

● **Le terme même de roman** demande à être débarrassé des nombreuses confusions qu'il suscite. Les ouvrages conçus et promus de manière industrielle, ceux qui, sous le nom générique de « roman », sont considérés depuis leur conception jusqu'à

leur vente comme des produits marchands – et respectent pour
cela des critères précis, mis au point depuis des siècles –, ceux-
là, on s'en doute, ont peu à voir avec la création. Pas davantage
d'ailleurs que les ouvrages eux aussi nommés « romans » et qui,
sous cette appellation commune, proposent des récits strictement autobiographiques, des reportages d'actualité à peine
déguisés par l'emploi de pseudonymes ou des transpositions
actuelles d'intrigues ou de situations déjà rencontrées dans
d'autres romans.

● **Le succès public** que connaît un ouvrage est un indicateur
précis mais trompeur dans lequel la part de l'innovation ou de
l'originalité n'est pas établie. Mieux vaut se fier, pour autant que
l'on puisse en juger, à l'authenticité du projet, à l'opiniâtreté
de la démarche, au professionnalisme de l'auteur et, pourquoi
pas, à l'originalité de l'œuvre, même si elle n'est pas toujours un
indice de réussite.

● **Un roman d'aujourd'hui parle d'aujourd'hui**, quitte à le
faire sous le masque de l'Histoire ; **en parle à la manière d'aujourd'hui**, qui n'est pas unique mais toujours nouvelle, et, enfin,
considère les romans d'hier non comme des modèles à imiter
mais **comme des références à partir desquelles il importe de
construire les œuvres nouvelles.**

b. La « mort du grand écrivain »

Par cette expression employée comme titre d'un essai (1994),
l'écrivain Henri Raczymov entend montrer comment l'originalité de la période actuelle repose sur l'absence de « courant »
majoritaire et d'auteurs de référence.

● **Le paysage littéraire de l'après-guerre** restait marqué par les
figures des grands intellectuels, les Mauriac et Malraux, les
Sartre et Camus, qui faisaient du champ romanesque un lieu
d'exposition et d'affrontement idéologique autant qu'esthétique.

● **Puis la notion centrale d'« engagement »** fut la cible, à
partir des années 60, d'écoles ou de démarches qui, en réaction,
proposaient une littérature débarrassée de ses visées morales ou
philosophiques. Les sciences humaines triomphantes des années
70 se sont alors engouffrées par cette brèche dans le domaine
littéraire pour promouvoir une « science du texte » et faire du
roman un lieu d'expérimentations « narratologiques ».

● **Certaines des plus grandes œuvres** romanesques qui se sont alors construites, telles celles de **Marguerite Yourcenar** et d'**Albert Cohen** (*L'Œuvre au noir* et *Belle du Seigneur* sont parus tous deux en 1968), n'apportant pas d'innovation formelle tonitruante, sont un peu vite passées pour archaïques ou réactionnaires, tant elles accordaient d'importance aux notions alors suspectes d'intrigue et de personnage.

● **Aujourd'hui, une nouvelle page est tournée.** Si l'apport des démarches formalistes n'est pas contestable, la rigidité des conceptions, l'approche plus intellectuelle qu'artistique du fait littéraire ont fini par détourner le grand public qui s'est senti exclu : l'idée s'est répandue, en France comme à l'étranger où ils jouissaient jusque-là d'un prestige incomparable, que les auteurs français n'avaient plus « rien à dire » et que, trop occupés d'eux-mêmes ou de questions théoriques, ils ne savaient plus raconter, faire rire ou faire rêver.

c. Une forme dépassée ?

● **Une méfiance grandissante** à l'égard du roman s'observe chez certains des plus grands créateurs des décennies passées. C'est ainsi que **Julien Gracq** n'en publie plus depuis les années 50. **Louis-René des Forêts** a lui aussi abandonné la fiction, alors que, pour **Michel Butor,** la forme romanesque ne suffit plus à contenir son vaste projet littéraire. **Daniel Boulanger**, quant à lui, puissant inventeur de thèmes fictionnels, préfère les nouvelles, plus souples et plus riches, mieux capables de sertir ses textes.

● **Dans la génération suivante,** des écrivains majeurs nourrissent une semblable appréhension à l'égard de la forme longue traditionnelle. Si la bibliographie de **Pascal Quignard** comporte plusieurs romans, ce sont pourtant les formes brèves, les essais, voire les « beaux livres » qui ont la préférence de cet écrivain discret mais très présent, qui fait entendre une voix très en rupture avec les modes du temps. Ainsi en va-t-il encore de **Pierre Michon** et de **Gérard Macé**, prosateurs d'importance, hommes de culture, de tact et de rigueur, qui aiment partir d'un personnage réel – pas toujours célèbre – pour lui consacrer un texte à dominante fictionnelle. Leur plume élégante et extrêmement exigeante se refuse, pour cette raison même, à courir sur les deux cent cinquante pages requises. Le succès de **Christian Bobin**, poète en prose, auteur de textes courts et inspirés, montre encore comment le goût du public s'oriente vers des

1

œuvres de dimension réduite. Le peu de temps que le public consacre aujourd'hui à la lecture en est peut-être l'une des causes. Entre roman, nouvelle et poème, un autre genre a ainsi fait sa place dans le courant des années 80, dont il faut reconnaître l'existence, même s'il n'entre pas dans notre propos.

d. « Complexe français » ou paysage en mouvement ?

● **Un large lectorat s'est tourné vers d'autres horizons.** Le « réalisme magique » latino-américain, la littérature des dissidents d'Europe centrale ou encore les œuvres mal connues de très nombreux écrivains japonais ont été adoptés durant les années 70. Les années 80 ont vu s'imposer avec une force considérable, dans le roman comme au cinéma, le domaine anglo-saxon, ses best-sellers aussi bien que son « avant-garde », plus fraîche et moins prétentieuse que celle du Vieux Continent. Il en est résulté un « complexe français », encore perceptible aujourd'hui.

● **Ceux qui prônaient des révolutions formelles** ont fini par adopter sans scrupule les schémas les plus traditionnels de la narration. L'époque des « revues » ou des « écoles » dominant le paysage littéraire et lui imposant ses *a priori* est révolue, au point que, depuis le début des années 80, l'activité romanesque ressemble à un vaste chantier. S'y agitent, indépendants et parfois indifférents les uns aux autres, des individus aux sensibilités, aux démarches et aux idéaux les plus variés. Cela n'est pas nécessairement un mal, mais constitue un obstacle certain à qui prétend l'appréhender dans son ensemble. On opérera donc ici des regroupements prudents, on se méfiera des trop visibles effets de « famille » ou des « tendances » éphémères et superficielles, en n'oubliant pas combien la littérature vivante est affaire de création, d'individu et de démarche propre.

Certaines œuvres entamées depuis plusieurs décennies, et qui poursuivent leur développement sans modification considérable de leur cours, doivent inaugurer notre panorama.

Consacrées par la reconnaissance académique ou par un succès public continu, elles procèdent d'une conception du roman comme décalque fidèle et classique de la réalité.

Si la fantaisie, l'audace formelle ou les caprices de l'imagination peuvent y être reconnus, c'est toujours dans les limites acceptables par les tenants d'une esthétique naturaliste héritée du XIXe siècle. Les moyens de la transposition romanesque peuvent être empruntés au mythe, à l'anecdote ou au détournement de l'actualité, mais, pour cette famille de romanciers, l'univers fictionnel doit laisser transparaître les traits de l'univers connu.

A. LES ROMANS DE MŒURS

a. Deux exemples de longévité romanesque

● **Julien Green**, né en 1900, publie régulièrement les innombrables pages de son journal. Mais l'auteur célébré d'*Adrienne Mesurat,* 1927, de *Léviathan,* 1928, ou de *Moïra,* 1950, n'accorde plus guère à la fiction l'intérêt qu'il y portait jadis. Parmi ses récents écrits, celui qui lui fait encore place est la volumineuse suite *Dixie* (I, *Pays lointains,* 1987, et II, *Les Étoiles du Sud,* 1989). Il est largement inspiré d'une recherche sur la généalogie américaine de l'auteur lui-même et souscrit à la tradition de la « saga sudiste » déjà bien représentée par les romanciers américains. C'est dire que, pour ce maître consacré de l'investigation psychologique, la fiction est un instrument de connaissance du moi, et le roman, un détour utile mais pas une fin en soi.

● **Henri Troyat** continue avec opiniâtreté à publier des biographies et des romans auxquels une narration et une psychologie très traditionnelles valent toujours un grand succès. Avec *Le Bruit solitaire du cœur,* paru en 1985, il consacre à la vieillesse et à ses faiblesses un roman centré sur le souvenir d'un vieil émigré russe inspiré par la figure de son père. La finesse d'observation, les sursauts du souvenir et l'adjonction d'une légère trame fictionnelle rendent attachante cette narration par ailleurs dénuée de tout effet d'écri-

2

ture. Mais, par le nombre d'ouvrages qu'il a publiés et par l'accueil qu'ils ont reçu, on est en droit de penser qu'il restera comme une figure de la littérature populaire du second demi-siècle.

b. Le cas Sagan

● **Quarante ans et quarante livres**, après avoir publié, à dix-sept ans, son fameux *Bonjour tristesse*, 1954, **Françoise Sagan** continue à obtenir de très gros succès avec ses analyses fines et cruelles des tensions destructrices au sein du couple. Dans la période récente, elle tend à délaisser le milieu de la grande bourgeoisie oisive qui lui a valu sa réputation, et fait davantage paraître des ouvrages à caractère autobiographique, des récits de rencontres, des portraits, des souvenirs : *Avec mon meilleur souvenir*, 1984, … *Et toute ma sympathie*, 1993.

● Mais son activité de romancière se poursuit cependant, fidèle à la ligne tracée depuis l'origine. Si *Un chagrin de passage,* 1994, fait place à une très actuelle tragédie personnelle en évoquant le moment où un homme apprend qu'il est atteint d'une maladie incurable, ses analyses psychologiques restent le plus souvent centrées sur les instabilités du couple, dans des romans tels que *La Laisse*, 1989, *Les Faux-fuyants*, 1991, ou *Le Miroir égaré,* 1996, qui explorent les linéaments retors du désir travesti en passion ou de la passion s'effilochant à force de n'être que désir.

● Avec un talent toujours renouvelé de la brièveté, de l'adjectif imprévisible et juste et de la situation où le lecteur se projette dès les premières pages, Sagan actualise à sa manière fine et perverse la **tradition du roman de désillusion,** qui se révèle par sa nature – et son succès régulièrement reconduit le prouve – très adapté à l'époque contemporaine.

B. LE ROMAN D'ÉDUCATION

Trois auteurs, parmi bien d'autres, représentent aujourd'hui, sans forcément y limiter leur production, ce schéma classique de la fiction, en offrant de découvrir le monde sur les pas d'un jeune homme qui cherche à y faire sa place.

a. Robert Sabatier

● **Il doit sa renommée à la suite romanesque** centrée sur le personnage d'Olivier Châteauneuf qui, des *Allumettes suédoises*, 1969, à *Olivier et ses amis*, 1993, déploie en six volumes les anecdotes, la fraîcheur, l'évolution d'un personnage inspiré de la propre vie de l'auteur. Mais, parallèlement à cette série, il publie régulièrement des récits à la fois humoristiques et émouvants en tirant parti d'une situation atypique développée jusqu'aux dimensions d'un roman. *La Souris verte,* 1990, conte les amours dans Paris occupé d'un étudiant français et d'une Allemande enrôlée dans la Wehrmacht, et *Le Cygne noir,* 1995, développe à la première personne et dans un style léger le thème de la laideur.

● Mais **son ouvrage le plus original** et le plus ambitieux est probablement, en 1984, *Les Années secrètes de la vie d'un homme,* vaste roman d'apprentissage, tour du monde déboussolé d'un personnage nommé Ego en qui tentent de se réconcilier mystique zen et bombe atomique, opium, spiritualité et sens des affaires, vocation messianique et amour charnel dans un vertige où sont représentés un à un et dans leur bouleversant désordre les grands troubles du siècle.

b. François Nourissier

● **Son œuvre forme une fresque en continu** de l'évolution – ou faudrait-il dire, de la permanence – de la société bourgeoise à travers le second XXᵉ siècle. Depuis *Un petit-bourgeois,* 1963, et *Une histoire française,* 1965, ses romans, largement autobiographiques, poursuivent l'évocation d'un « malaise général » rendu encore plus sensible avec les progrès du vieillissement. Parce qu'il tire souvent de sa propre vie la matière de ses livres, il peut ainsi, à partir d'un accident survenu inopinément (*Le Livre volé,* 1995, dont le titre énonce l'argument), faire un récit plein d'amertume et d'ironie sur l'âge et la création. Mais par des romans à clés fertiles en portraits acides, Nourissier pratique surtout la transposition : *L'Empire des nuages,* 1981, ancre ainsi l'univers de l'auteur dans une peinture vaste et bruyante du milieu artistique et littéraire incapable de s'adapter aux évolutions esthétiques et morales des années 70.

● **Le regard mi-sympathique mi-consterné** sur l'homme « moyen », incapable de grandeur, de folie, de passion vive, s'exerce encore de manière virulente avec *Le Gardien des ruines,* 1992, qui dessine dans sa totalité le parcours ordinaire et frustré d'un médecin dépourvu d'idéal. Contrairement à un romancier de l'imagination, de la grandeur, de l'héroïsme ou des destins lyriques, il a consacré une œuvre volumineuse à la peinture de

2

cet élément atone et proliférant, pour cela même insaisissable, qu'on nomme la « **normalité** ». Il offre ce faisant un bon exemple de ce qu'est, aujourd'hui, une **écriture naturaliste**.

c. Michel Déon

Vingt ans après son premier roman, il a rencontré le succès avec *Les Poneys sauvages,* 1970, dans lequel un journaliste désabusé et meurtri parcourt le monde, à l'image de l'auteur, et se trouve impliqué dans une terrible histoire d'espionnage tirée de faits réels. *Un taxi mauve,* 1973, roman d'une Irlande sauvage et romanesque, puis *Le Jeune Homme vert,* 1975, vaste roman d'éducation à mi-chemin du récit d'aventures et du roman historique, confirment sa réputation d'écrivain de la nostalgie aristocratique. Ses séjours en Grèce ou en Italie servent de cadre à des intrigues dans lesquelles la douceur de vivre et le charme des lieux sont souvent corrompus par le souvenir de tragédies remontant à l'occupation (*Je vous écris d'Italie,* 1984).

● Mais Déon est aussi, à sa manière, un **adepte des constructions savantes.** Dans *Un déjeuner de soleil,* 1981, il invente la biographie d'un écrivain imaginaire, donne de multiples extraits de ses œuvres et mêle cette fiction à des portraits d'auteurs et d'artistes à peine camouflés, faisant ainsi revivre la vie littéraire parisienne des années 30. L'**art du portrait** compte parmi ses talents les mieux maîtrisés : dans *La Cour des grands,* 1996, roman d'apprentissage au thème très contemporain, un ambitieux jeune homme part en Amérique pour y réussir en affaires autant qu'en amour et se heurte à des figures féminines à la fois fascinantes et dangereuses qui, peu à peu, laissent deviner la complexité de leur nature.

La fiction n'est pas seulement un moyen de raconter le monde, elle permet aussi de l'interroger et de le reconstruire. Au moyen du récit et par l'entremise des personnages, de leur sensibilité et de leurs aventures, le roman a toujours servi la volonté spéculative. Des auteurs qui refusent autant l'expression théorique que la narration gratuite trouvent avec des histoires inventées les moyens d'interroger les présupposés et les fondements des sociétés humaines. Parcourues par des enjeux qui vont bien au-delà de l'anecdote et de la destinée individuelle, leurs œuvres sont alors remarquables de cohérence et de vigueur.

A. MONTRER POUR DÉMONTRER

a. Michel Tournier

● **Il s'est imposé dans les années 70** avec ses trois grands romans mythologiques, comme un auteur majeur soucieux d'utiliser la forme romanesque en vecteur d'une réflexion philosophique, de « faire sortir un roman de Ponson du Terrail de la machine à écrire de Hegel ».

● **De la dénonciation des valeurs usurpées** de la civilisation blanche (*Vendredi ou les limbes du Pacifique,* 1967) jusqu'aux formes sublimes et cosmiques de l'amour gémellaire (*Les Météores,* 1977), en passant par la peinture de la monstrueuse attirance du régime nazi pour l'enfance (*Le Roi des aulnes,* prix Goncourt 1970), il a su trouver à l'aide d'une puissante actualisation de mythes occidentaux plusieurs terrains d'application d'une théorie subversive de l'« inversion ». Des personnages ambivalents, placés dans des situations excessives et inquiétantes, lui offrent le moyen de mettre en péril l'ordre établi. Dans des scènes à la fois magnifiques et violentes, **le confort du lecteur est mis à mal, ses certitudes sont remises en cause par l'adoption d'un point de vue dérangeant.** Il s'oppose, par exemple, aux visions bourgeoises de la sexualité et de l'innocence enfantine ou propose une révision paradoxale des fondements politiques de la guerre.

● **Par la suite,** entre nouvelles, essais et écrits à succès pour les jeunes lecteurs, il a donné des romans aux dimensions plus modestes dans lesquels il continue de retourner selon sa manière quelques idées reçues. L'enquête de terrain lui permet d'enrichir et d'actualiser les fables par lesquelles il dénonce les formes de la perversion contemporaine. Ainsi *La Goutte d'or*, 1986, contant l'itinéraire d'un jeune immigré algérien, s'attache à la question de la représentation par l'image et illustre les désillusions qu'elle lui occasionne en créant un univers factice et mensonger, porteur des frustrations et des faiblesses de l'imaginaire occidental.

● **Les sujets religieux** lui fournissent de plus en plus souvent ses thèmes, depuis *Gaspard, Melchior et Balthazar*, 1980, jusqu'à *Éléazar*, 1997, qui tente d'éclairer à la lumière du western la marche de Moïse vers la Terre promise.

b. Milan Kundera

● Depuis son arrivée en France en 1975, cet auteur né en Tchécoslovaquie et naturalisé Français en 1981 jouit d'une réputation de sage. Initialement accueilli comme dissident – ses livres étaient interdits dans son pays –, il s'est peu à peu construit une stature d'auteur de référence à laquelle, autant que ses romans, ont contribué ses participations aux débats menés par des revues (*L'Infini*) et ses réflexions sur l'écriture (*L'Art du roman*, 1986 ; *Les Testaments trahis*, 1993).

● Durant cette même période, ses œuvres romanesques n'ont pas dépassé le nombre de quatre, mais ont été chaleureusement accueillies. Dans chacune, une **construction très élaborée, sur le modèle musical, fait s'entrecroiser plusieurs récits** : épisode historique, histoire d'amour contemporaine déchirée entre l'Est et l'Ouest, la jeunesse et l'âge mûr ; mise en scène plus ou moins autobiographique où érotisme et politique s'emmêlent… Toutes illustrent en contrepoint le thème présenté par le titre de l'ouvrage.

● « **Unir l'extrême gravité de la question et l'extrême légèreté de la forme, c'est mon ambition depuis toujours** », déclare-t-il. Ce projet rend compte de la part de l'anecdote et des enjeux personnels présents dans *L'Insoutenable Légèreté de l'être*, 1984, ou *La Lenteur*, 1995. L'intrigue amoureuse, les désarrois et questionnements du couple constituent souvent l'essentiel du livre, cherchent à illustrer une vérité d'ordre philosophique et s'offrent comme exemplaires d'une réflexion générale concernant le hasard et la volonté, le sens de l'Histoire, la question du libre arbitre et la manière dont les idéologies le corrompent. Les sept parties du *Livre du rire et de l'oubli,* 1978, rendent ainsi compte, à travers une fable personnelle, de l'effacement de la mémoire collective et de l'identité du peuple tchèque.

● Mais **cette dimension politique tend à s'estomper** par la suite, le romancier se voulant davantage l'explorateur des vérités fondamentales que le contempteur des idéologies. En 1990, *L'Immortalité* dresse ainsi, dans ses sept parties croisées, l'inventaire de destins célèbres (Goethe, Beethoven, Hemingway…) et d'autres totalement fictifs, et laisse au lecteur le soin d'en tirer des leçons sur la passion, le romantisme ou l'hystérie.

B. ÉCRIRE POUR ÊTRE AUTRE

a. Jean d'Ormesson

● Figure familière des médias, cet académicien a su faire évoluer son écriture et mettre au point depuis les années 80 une formule originale qui lui vaut un succès durable et renouvelé. Après avoir réussi dans le roman néo-réaliste à tendance parodique : *Au plaisir de Dieu,* 1974, il s'est lancé dans de **vastes sommes à mi-chemin de l'essai et du roman** qui brassent, sur un mode faussement désinvolte et sans jamais se départir du sourire ironique, de vastes champs de la connaissance.

● Fasciné par le **mythe du livre total,** il juxtapose et entrecroise dans *Dieu, sa vie, son œuvre,* 1980, les éléments d'un récit métaphysique produit *ex nihilo,* ceux d'une chronique des amours de Chateaubriand, une foule de considérations le menant de Socrate à Paul-Jean Toulet en passant par Dante et Mozart, liés par des considérations émerveillées sur la folle et sympathique hardiesse de sa propre entreprise. Plutôt que de proposer des romans se limitant à une histoire, **il puise avec voracité dans l'Histoire universelle comme en un réservoir sans fin d'intrigues et de sujets** qu'il enchaîne et relie grâce à d'astucieuses trouvailles narratives.

● Ses épais volumes prennent alors l'allure de pétillantes causeries dans lesquelles les détours de la métaphysique, *La Douane de mer,* 1993, ou de la philosophie, *Presque rien sur presque tout*, 1995 – comme les détails revisités de certains mythes fondateurs de la civilisation occidentale, *Histoire du juif errant*, 1990 – sont exposés selon de vertigineux raccourcis, des dialogues affûtés et d'innombrables anecdotes.

● **Maniant avec un évident plaisir les références culturelles** les plus hétéroclites, il cherche à marier l'érudition de Borges à la vivacité de Schéhérazade, le brio de Voltaire et la perspicacité d'Aragon, la prose pédagogique et la plume du chroniqueur mondain. Il a, ce faisant, transformé le roman en une scène sur laquelle s'offre à un très large public le spectacle échevelé, « inutile et grisant », du savoir universel.

b. Jean-Marie Gustave Le Clézio

● **Sa constance thématique et la permanence d'un phrasé poétique** lui valent d'être d'ores et déjà considéré comme un classique et d'obtenir des succès renouvelés pour les romans qu'il publie presque chaque année. Mais son image de douceur et le charme indéniable de ses récits portant une attention extrême à la prégnance des éléments naturels sont les formes actuelles d'une quête qui a pris, depuis 1963, bien d'autres allures.

● Des livres comme *La Guerre*, 1970, *Les Géants*, 1973, ou plus récemment les nouvelles de *La Ronde*, 1982, sont d'abord porteurs d'un **regard extrêmement critique sur les modes de vie contemporains.** Ils témoignent d'un monde dominé par la violence de la société de consommation, par la force brutale de l'univers urbain et par l'agression permanente représentée par la vie des cités, l'importance des machines ou des supermarchés.

● C'est dire que le rythme apaisé et la tonalité sereine qu'on entend dans ses romans plus récents procèdent d'une délivrance à l'issue d'un combat long et douloureux contre une vision oppressante de la civilisation occidentale. Elle a été rendue possible par l'expérience d'autres civilisations, en particulier celle des Indiens d'Amérique centrale évoquée dans plusieurs essais, et par la prise en compte d'une **généalogie personnelle.**

● Celle-ci a conduit l'auteur vers **d'autres horizons,** en particulier l'océan Indien qui est le décor, dans *Le Chercheur d'or,* 1985, ou *La Quarantaine,* 1995, de romans d'aventures présentés comme la reconstitution d'épisodes vécus par ses ancêtres. Encore ce dernier livre, qui évoque l'émigration, à la fin du siècle dernier, d'une famille française vers l'île Maurice pour y recouvrer un héritage, pose-t-il par son sujet même la question du choc des cultures. Et la présence d'un troublant personnage féminin d'origine indienne vient la rendre plus complexe encore, superposant en un même lieu des croyances et des comportements propres à des mondes différents.

● Ce faisant, l'auteur poursuit une étude entamée dans *Désert*, 1980, livre pivot de son œuvre. Il y juxtapose le récit de l'extermination par l'armée française des nomades du Sahara occidental avec l'histoire d'une de leurs descendantes, jeune femme contrainte de quitter son pays pour connaître le sort des immigrés dans la France contemporaine. Elle en triomphera par sa beauté et par sa fidélité aux valeurs ancestrales.

● **Empreint d'une extrême attention aux gestes, aux paroles, aux effets d'harmonie entre l'homme et la nature,** chaque roman offre bien le récit mouvementé, haletant, sensuel, d'une aventure individuelle. Mais, plus encore, il propose un exemple positif et réconfortant de la possibilité de triompher, par des vertus proprement humaines et ancestrales, d'une civilisation qui promet la destruction de l'homme.

Peut-être est-ce lui, finalement, qui accomplit avec la plus grande subtilité le mariage entre roman et philosophie, puisqu'il parvient à faire entièrement disparaître cette dernière sous une parure spécifiquement littéraire : le chant de la langue.

Ces romans forment l'une des familles nombreuses de la production contemporaine. Plus que de Zola, Sartre ou Mauriac, ils sont **héritiers de Camus,** auquel ils empruntent une esthétique du décalage psychologique, mental et affectif, conduisant le personnage central à percevoir la réalité sous un angle imprévu. **L'autre influence évidente est celle de Proust,** pour l'élégance et le raffinement d'une langue attentive au délié des perceptions, aux méandres de la sensibilité et à la complexité des rapports humains. On songe également à une descendance du romancier et nouvelliste britannique Henry James, pour l'art des confrontations tacites et des combats intérieurs qui conduisent à frôler les secrets de l'individu sans jamais les amener au grand jour. C'est dire que, du style grandiose au plus dépouillé, tous les moyens sont requis pour tâcher d'éclairer les gouffres intérieurs.

A. LA TENTATION DE LA GRANDEUR

a. Hector Bianciotti

Argentin d'origine, converti à la langue française, il s'attache à en déployer la bannière dans ses plus grandes dimensions. Il peut ainsi peindre pendant plusieurs dizaines de pages les effets sur le narrateur d'un personnage à plusieurs facettes, tel ce couturier de luxe sur le retour assorti d'une épouse de complaisance et d'une fille illégitime autant que mystérieuse : la figure dominante de *Seules les larmes seront comptées,* 1988, est pourtant bien le narrateur, alors même qu'il est inconsistant, transparent, mais traversé par des **flux d'émotions en lesquels se découvre la complexité fascinante du monde.** Dans ce miroir qui lui échappe, il trouve sans les chercher des réponses à son drame personnel et se délivre au fil des émotions d'un souvenir qui le hante.

b. Angelo Rinaldi

Qu'ils relatent un pèlerinage au pays natal et des retrouvailles avec des amis de régiment (*La Confession dans les collines,* 1990) ou une enquête sur la mort d'un ami (*Les jours ne s'en vont pas longtemps,* 1993), ses romans marquent eux aussi par les choix stylistiques de l'auteur.

● On est frappé par son goût des phrases complexes, enchevêtrées, où surabondent les notations et les détails, la digression au fil du sensible et souvent à contre-courant de la chronologie. Mais aussi par ses capacités à prolonger sur des dizaines de pages des scènes dans lesquelles l'intrigue est abandonnée en arrière-plan. L'intérêt est bien évidemment ailleurs. Dans les détours de la mémoire, dans la recherche des sensations et des lieux du passé, sans toutefois les réduire à une facile nostalgie. Mais surtout, dans la **recomposition des visages et de la profondeur des êtres.** L'art du portrait, plus souvent cruel que complaisant, est l'atout central de ses livres, dans lesquels sont pénétrés avec le regard aigu du critique les milieux homosexuels parisiens aussi bien que ceux des bergers corses.

● L'ombre tutélaire de Proust s'impose d'évidence au lecteur de cette prose complexe, élaborée, que l'on trouvera, selon les goûts, majestueuse ou irritante.

B. LE CHOIX DE LA SIMPLICITÉ

Au contraire, l'emploi d'une langue dépouillée semble aller de pair avec le centrage du récit sur des personnages ordinaires, hommes et femmes du commun qui, de se rencontrer et d'échanger quelques paroles et quelques sentiments, révèlent une nature attachante ou complexe. **Le romancier, plutôt que de leur faire vivre des aventures exceptionnelles, se contente de les regarder à la loupe** et dévoile alors une richesse de caractères que l'on n'aurait pas soupçonnée. Les personnages se livrent peu à peu, et leur devenir anodin gagne progressivement en épaisseur et en signification.

a. Jean-Marc Roberts

Par la pratique d'une langue plate, ordinaire, il obtient un **très fort ancrage dans le réel,** renforcé par l'accumulation de détails véridiques : menus des repas, adresses des personnages, marques de leurs voitures…

● Absence du père, mère lointaine, enfant abandonné sont presque les constantes de son univers romanesque, mais, sur cette toile de fond commune, chaque ouvrage propose une situation différente. En 1978, dans *Les Enfants de fortune,* il imaginait, expédient misérable et illusoire pour couples stériles, un « loueur d'enfants » disposant d'un vivier d'orphelins. Par là, il inventait aussi une alternative moins cruelle qu'il ne paraît à un univers familial en détresse car sourdement travaillé par l'adultère (*Monsieur Pinocchio*, 1991), la polygamie ou l'indifférence des pères (*Les Seins de Blanche-Neige*, 1994).

b. Jean-Noël Pancrazi

● L'amour, ses dérives, ses manques, ses impasses dessinent naturellement le continent privilégié sur lequel viennent se dérouler ses romans. Son univers est ainsi fait de séductions, d'abandons, de rêves et de nostalgies suscités par les appartements, les boîtes de nuit, les villes où l'on s'est aimé et où l'on revient constater le vieillissement, le ridicule, la disparition des êtres.

● Dans une langue exigeante, élégante mais mesurée, *Les Quartiers d'hiver,* prix Femina 1990, offre une plongée sobre et émue dans le monde familial et défraîchi d'un cabaret passé de mode. Le souvenir de ses habitués dispersés, victimes de l'éloignement ou du sida, conduit le narrateur à errer dans ses souvenirs au fil d'une **galerie de portraits où la recherche des plaisirs se perd dans les rigueurs du temps.**

● *Le Silence des passions,* 1994, reprend, d'une façon plus crue et en des lieux plus variés, le principe des portraits successifs. Ce faisant, il donne à voir une face généralement ignorée de la vie noctambule. En dépit ou à travers les formes excessives de leurs relations charnelles, il révèle la profondeur des attachements entre les êtres.

c. Lydie Salvayre

● De sa pratique de psychiatre elle tire la matière des monologues tourmentés dans lesquels ses personnages laissent connaître la complexité de leurs passions. D'un être ordinaire, modeste, effacé, elle sait reconstituer la logique, le plus souvent ébréchée au fil d'une vie de déceptions. Elle fait ainsi parler **tout un petit monde de laissés-pour-compte qui en profitent pour donner à leurs rancœurs et parfois à leur méchanceté une puissance redoutable.** Et ses romans nous découvrent ainsi l'intimité d'une vieille employée aigrie par l'arrivée subite d'une nouvelle secrétaire (*La Vie commune,* 1991), d'un gardien de musée transformé par la lecture des *Pensées* de Pascal (*La*

Puissance des mouches, 1995) ou encore d'une aïeule convaincue que l'huissier qui, de nos jours, se rend chez elle, lui a été envoyé par le maréchal Pétain (*La Compagnie des spectres,* 1997).

d. Éric Holder

● Auteur de nouvelles plus encore que de romans, il place ses personnages très ordinaires dans des situations qui subitement leur font voir la possibilité d'une autre vie, probablement hors de leur portée. *L'Ange de Bénarès,* 1993, est cette femme idéale qui n'existe que dans les rêves de Raphaël, et qu'il retrouve nuit après nuit, vivant avec elle une tumultueuse histoire d'amour. Mais si l'être rêvé vient à s'incarner, aussitôt le roman s'arrête comme pour mieux nous faire sentir l'infranchissable frontière que seule la fiction a pouvoir de transgresser.

● Avec *Mademoiselle Chambon,* 1996, institutrice célibataire dont s'éprend un parent d'élève, là encore l'amour reste confiné dans le secret des cœurs, car le principe de réalité impose des lois qu'un être simple et rangé ne saurait trahir. Intime, le roman l'est en s'attachant avec une affectueuse attention aux gestes, paroles et réactions que tout un chacun peut aisément prendre à son compte. Mais il est avant tout roman, c'est-à-dire qu'**il offre au lecteur le spectacle de cette part d'impossible qui le hante et qu'il ne saurait vivre que par procuration.**

C. LES RESSOURCES DE L'IMAGINATION

a. Bertrand Visage

● Il aime, pour sa part, prendre prétexte d'un fait divers réel pour explorer des univers personnels singuliers et troublants. Il suffit qu'un Parisien acquière une ancienne bâtisse dans le Lot pour que son *Rendez-vous sur la terre,* 1989, soit l'occasion de mettre au jour l'une de ces très sombres et terribles histoires de famille qui se déroulent au secret des fermes isolées : arriération, inceste, séquestration, meurtre. En faisant parler les acteurs muets, frustes et oubliés de cette tragédie, le romancier révèle que l'on pourrait tout aussi bien y voir une conséquence de l'abandon affectif, de l'isolement et de la fusion totale des êtres avec leur environnement.

● Un cadre urbain lui fournit au contraire le décor de *Bambini,* 1993, dans lequel la découverte inopinée d'une invasion de rats dans une maternelle romaine sert de fil conducteur à des incursions, chapitre après chapitre, dans la vie privée des personnes concernées. Institutrice, parents et enfants, soudain surpris dans leur routine, s'affolent ou se révoltent, leurs chemins se croisent, leurs manies et leurs angoisses se révèlent : on a le sentiment d'**entrer par effraction,** par le biais de cet incident somme toute anodin, **dans les plus intimes recoins d'existences ordinaires.** Et cela suffit à comprendre qu'aucune ne l'est vraiment.

b. Jean-Marie Laclavetine

● Dans *Conciliabule avec la reine,* 1989, il fait alterner, dans un immeuble parisien promis à la démolition, la figure d'un écrivain, enfermé avec une aïeule, et la rencontre amoureuse de deux voisins. L'intrigue, s'il y en a une, est maigre. Mais, bien vite, l'intérêt des portraits (l'adolescent rebelle, la mère célibataire, l'artisan vieux garçon…) transforme le roman en une **leçon d'humanité appliquée à l'époque contemporaine.** Les incertitudes familiales, affectives, idéologiques, emplissent par défaut le vide laissé par ces antihéros aussi ordinaires qu'attachants.

● En 1995, avec *Demain la veille,* il traite des mêmes questions, mais sur un ton et selon un principe bien différents. Cette fois, nous sommes au paléolithique où Noah, génie désabusé, voit ses inventions incomprises ou détournées, ses œuvres d'art moquées et détruites. L'idée la plus originale de l'auteur consiste alors à instaurer un lien télépathique entre ce prophète et l'époque contemporaine, dans laquelle se trouve « envoyé » un descendant direct des hommes des cavernes. La fable oscille entre les leçons tirées des rêves et le spectacle de la réalité, et fait d'une préhistoire burlesque l'incroyable laboratoire d'une modernité à la fois tranquille et terrifiante. La société d'aujourd'hui s'y invente, y élabore ses tics et ses excès, et le romancier s'amuse, apportant ainsi la preuve qu'une quête sincère de la vérité des êtres peut n'être ni grave ni systématique et emprunter les voies de l'imagination et de la fantaisie.

Plus qu'un tarissement de l'imagination ou qu'un recentrage égocentrique de l'écriture, la vogue actuelle de l'autobiographie témoigne d'une **volonté d'étendre les territoires de l'écriture.** Car si le parti pris de sincérité exclut tout recours à la fiction, il contraint, par ailleurs, à une exploration souvent vertigineuse des profondeurs du moi. A la suite de **Michel Leiris,** l'autobiographe aujourd'hui force l'investigation et considère le sujet moins comme un cas intéressant que comme le lieu où se croisent l'expérience et la sensibilité, au fil d'une **vie dont le récit est, tout autant que celui du moi, celui du monde qui le fait.**

● Contribuant à rendre caduque la distinction entre les genres, la mention « roman », « récit », « autobiographie » n'est pas toujours présente pour signaler la nature des ouvrages. Mais ils participent de fait au même circuit de promotion, de lecture voire de récompenses que le reste des romans. On ne saurait donc les passer sous silence.

A. LE LIVRE-VIE

a. « Ostinato »

● Faisant paraître en 1997, après trente ans de silence, une autobiographie fragmentée et incomplète, le romancier et nouvelliste **Louis-René des Forêts** laisse comprendre comment le modèle de la fiction a cessé pour lui d'être utilisable. Près d'un demi-siècle en effet s'est écoulé depuis ses romans *Les Mendiants,* 1943, et *Le Bavard,* 1946. Mais le projet s'est confirmé, en même temps qu'il a pris une forme à la fois plus morcelée et plus ample. Cet *Ostinato* composé durant une vingtaine d'années et qu'il livre dans un état d'impossible achèvement se propose bien en effet d'« établir avec le monde un rapport de vérité ». Et pour cela, l'autobiographie se libère de l'ordre chronologique, de tout souci explicatif, et va jusqu'à renoncer à l'emploi du passé et de la première personne du singulier.

● Pour approcher au plus près des moments disparus, Des Forêts s'affranchit de la continuité. Sa mémoire procède par fragments, son texte les répercute en autant d'images fortes et courtes qui, de l'enfance à l'âge adulte, des désirs aux combats et surtout aux deuils, façonnent un autoportrait en acte de l'écrivain. Le texte est saisissant de beauté, de gravité, de justesse, car **il préfère aux charmes de la nostalgie la précision et l'élégance du dire dictées par une rythmique et par une prosodie propres.**

b. Le roman d'une existence

● L'entreprise menée par **Jacques Borel** est à la fois l'une des plus ambitieuses et l'une des plus modestes qui soient. Ambitieuse dans son ampleur, sa continuité et son scrupule maniaque ; modeste dans son ton et sa « posture ». Depuis *L'Adoration,* prix Goncourt 1965, jusqu'à *L'Aveu différé,* 1997, cet auteur secret, discret et hors champ, s'acharne à rendre compte de son passé d'une manière quasi exhaustive. Sans que ses ouvrages retracent nécessairement une fidèle chronologie, ils offrent de s'arrêter très longuement (ils font rarement moins de cinq cents pages) sur un épisode de l'enfance ou de l'adolescence dont ils reconstituent avec minutie la richesse et la signification. La fiction est soigneusement évitée au profit d'une enquête sur les lieux et sur les visages, sur les bruits et sur les couleurs, sur les paroles et les questionnements qui ont façonné l'individu, lequel aujourd'hui s'en fait comptable.

● Par l'acharnement mis à recomposer la maison de la grand-mère (*Le Retour,* 1970) ou de la mère (*L'Aveu différé,* 1997), l'auteur se comporte en « forçat de l'écriture », accumulant les milliers de pages comme pour mieux se convaincre de ne pas vivre en vain et relève le défi de la mémoire en multipliant les traces par lesquelles il espère conjurer cette vanité.

● Le texte quasi continu de Borel est une « écriture-vie » par laquelle **le passé se trouve constamment restitué en perspective de son écriture dans le présent, lui-même sacrifié au travail d'écriture** et fréquemment montré comme perdu. Seule compte la recherche de ce qui n'est plus et n'a d'existence que dans une parole obligée à le faire durer, voire à le prolonger au-delà de toute limite.

B. DU JOURNAL AU ROMAN

a. « Boris et moi, Boris tout seul »

● Prenant le relais d'une demi-douzaine de précédents ouvrages autobiographiques parus depuis 1958, *Un silence d'environ une demi-heure*, prix Renaudot 1996, de **Boris Schreiber** est un récit de l'adolescence et de la vocation d'écrivain. Encouragé dans son entreprise par une mère impressionnante, trop convaincue du génie de son fils, le narrateur se pose d'emblée comme un sujet à la fois solitaire et dédoublé (« Boris et moi »). Perdu dans l'habit trop grand taillé à son « génie » entre les ombres immenses de Nietzsche « la cime » et de Schopenhauer « l'abîme », partagé entre rêves de grandeur et sentiment d'impuissance, il acquiert peu à peu l'autonomie et l'assurance suffisantes pour assumer une position d'auteur (« Boris tout seul »). Cette nouvelle naissance s'accomplit tandis que se multiplient les souvenirs de l'Occupation et des années qui l'ont précédée.

● Les notations précises abondent : portraits, parlers, accents, détails historiques « vrais » font revivre Paris, Vichy, Marseille tels qu'ils ont été perçus par ce juif d'origine russe né en Allemagne et obligé de camoufler douloureusement son identité. Mais **plus qu'à la reconstitution des scènes vécues, l'originalité du récit tient à leur intériorisation** au moyen du « journal intime » dont le narrateur, trahissant parfois le jeune homme inhibé, livre les secrets **en un mouvement où l'auto-dérision se mêle à l'amour de soi.**

b. L'écriture salvatrice

Avec **Charles Juliet**, la lecture de l'autobiographie permet d'assister à la **lente et progressive transformation d'un être déchiré, orphelin solitaire et suicidaire, en un écrivain affirmé.** Les différents volumes de son *Journal* parus depuis 1979 dessinent peu à peu le chemin par où sortir de l'« exil intérieur » où l'ont conduit la solitude de l'orphelin et l'incapacité à renouer avec un monde adulte qui l'avait brutalement renié. L'autobiographie, dépouillée d'anecdotes, intensément et impitoyablement tournée vers les profondeurs du moi, est ici le moyen d'atteindre une renaissance, une **recomposition du monde non par la rupture, mais par le redéploiement d'un regard enfin affranchi.** Fragmentaire d'abord, hésitant, le *Journal* tisse peu à peu cette salvatrice continuité entre passé

5

et présent avant de s'affirmer en de longues et pénétrantes réflexions où trouve place un lyrisme en demi-ton.

● Cet ennemi prétendu de la fiction obtient la reconnaissance du public avec un terrible récit d'enfance maltraitée, *L'Année de l'éveil*, 1989, où sont contées les circonstances de l'enfermement, de l'humiliation et des châtiments dans un internat militaire, mais également la découverte clandestine de l'amour. Continuant la publication de son journal, *Accueil*, 1994, consacre des essais à des artistes amis ou admirés (Giacometti, Bram Van Velde...). En marge du roman, Juliet poursuit une voie qui le mène, de rencontres et lectures en réflexions, dans une recherche ascétique, à la fois mystique et athée, d'une vérité éclairée par des vœux de sincérité et d'humilité et décidément située au cœur du désir d'écrire.

C. DIRE SES ORIGINES

a. Écrire la honte d'écrire

● Écrivain « à succès » dont les ouvrages sont assimilés, faute de catégorie adéquate, à des romans, **Annie Ernaux** a prévenu ses lecteurs dès 1984 : « Depuis peu je sais que le roman est impossible. Pour rendre compte d'une vie soumise à la nécessité, je n'ai pas le droit de prendre d'abord le parti de l'art. [...] L'écriture plate me vient naturellement, celle-là même que j'utilisais en écrivant autrefois à mes parents pour leur dire les nouvelles essentielles. » Car l'essentiel est justement de parler à et de ses parents. Tous les livres qui suivent portent la marque de la **culpabilité de celle qui a « réussi », a « trahi » son origine rurale modeste pour partir en ville et faire sa vie au milieu des livres.**

● Qu'il s'agisse de faire revivre la figure du père dans *La Place*, prix Renaudot 1984, celle de la mère récemment disparue, *Une femme*, 1986, ou le souvenir de la maladie qui l'emporta, *Je ne suis pas sortie de ma nuit*, 1997, le poids de l'origine pèse sur chaque récit et fait naître en même temps le rejet et la honte de ce rejet, marque vive et tenace des douleurs de l'écrivain. Ces douleurs la poursuivent jusque dans sa vie amoureuse, *Passion simple*, 1992, ou le ressassement coupable de scènes d'enfance, *La Honte*, 1997, jugées responsables de la cassure définitive de sa vie.

● Si, d'un livre à l'autre Annie Ernaux fait revivre l'univers du petit café-épicerie de son enfance normande, ce n'est jamais au profit du pittoresque mais plutôt d'une **enquête « socio-logique » sur un milieu disparu où le moi s'est formé, et où il est resté englouti.** Le monde des « petites gens » est décrit sans pitié ni amusement par l'auteur, qui n'oublie jamais qu'elle en vient ni combien cette source lui est chère et douloureuse à la fois. Se voulant porte-parole des sans-voix et avocate contrite de sa propre « trahison » de classe, elle offre ainsi, en de très courts volumes, la **fresque morcelée d'un univers social aboli par le progrès,** dont la disparition fait d'autant plus sentir les marques indélébiles de la culpabilité.

b. La sombre jubilation du souvenir

● Les origines campagnardes donnent à l'écriture de **Pierre Bergougnioux** sa couleur et sa tonalité. Mais ici toute culpabi-lité s'efface au profit d'une nostalgie immense et soigneusement mesurée, assouvie dans l'accomplissement du désir d'écrire. Plus que revivre les scènes de son enfance, l'écriture offre le biais de les hausser au niveau de l'impérissable, de rendre compte d'un monde disparu. Si l'argument de ses courts récits (plutôt que des romans) est toujours mince et centré sur l'enfance, la vie rurale, la famille, ses rites et ses loisirs, c'est à peine si l'on peut cependant parler d'autobiographie, car le lecteur sent bien vite que le **principe d'émerveillement prime sur celui d'aveu.**

● Certes, ici encore, la mort du père (*L'Orphelin,* 1992) est un événement majeur. Mais, plus qu'un traumatisme, il signifie pour le narrateur la prise en charge d'un héritage culturel et le devoir d'en rendre compte. *Le Grand Sylvain,* 1992, déploie en une prose méticuleuse et pesée la splendeur du monde naturel, animal et végétal, découvert à travers les gestes du quotidien. Peu après, *La Toussaint,* 1994, ou *Miette,* 1995, continuent de creuser dans la terre corrézienne le sillon tracé par l'héritier d'une lignée perdue ou d'un monde révolu, et rappelé à chaque petit volume de cette entreprise aussi sincère et élégante qu'elle est dispersée.

● Il s'agit d'**enrober les images du passé de mots, de phrases toujours plus construites, pour les confire dans une harmonie un peu sobre et rugueuse** mais seule digne de renfermer les traces des générations humbles, muettes et immobiles dont le narrateur se sent débiteur, chargé « d'effacer les créances des jours enfuis ».

c. La nostalgie euphorique des pluies d'enfance

5

● Comme les deux auteurs précédents, **Jean Rouaud** puise la matière de ses livres dans une enfance provinciale et modeste. Mais truffés d'anecdotes émouvantes, ces livres sont davantage conçus comme des romans traditionnels. Plus que la parole d'un narrateur, compte le récit de ce qui advient à ses personnages, anonymes rendus sublimes par la touchante affection qui les ranime. A travers ses grands-parents (*Les Champs d'honneur,* premier roman et prix Goncourt très apprécié en 1990), ses parents (*Des hommes illustres,* 1993) ou ses camarades d'études et de jeunesse (*Le Monde à peu près,* 1996) **l'auteur tire le portrait nostalgique et enjoué, plein de douceur et d'émoi, de la France au XX**e **siècle.**

● Depuis les gaz de combat de 14-18 jusqu'à Mai 68, le sacrifice des aînés, la disparition du monde rural, la succession des automobiles de moins en moins rudimentaires et l'élévation du niveau culturel des enfants, l'univers romanesque de Rouaud tient à la mémoire du pays, comme infusée en lui par le climat pluvieux de la Loire inférieure. Mais ce qui retient surtout l'attention est le choix réussi d'un **style étonnamment classique** fait de précision, d'élégance et de tendre raffinement. Sa phrase calculée, son émotion contenue, son sourire complice lorsqu'il évoque tics et manies des ancêtres ou encore sa colère compatissante à propos des guerres sont communicatifs et donnent aux destins singuliers rapportés dans ses livres une valeur exemplaire.

● Les Français se reconnaissent d'autant mieux dans cette enfance ordinaire qu'elle les renvoie à leur propre histoire et la leur livre rédigée avec un soin remarquable. Mémoire classique et émouvante du siècle, **la geste romanesque de Rouaud témoigne de la propension de l'écriture autobiographique à chercher dans l'histoire individuelle les voies d'une destinée collective.**

● Capricieuse et volontiers ludique, libre de toute chronologie et persuadée que l'écriture offre au souvenir une autre vérité qui n'est pas mensonge, telle est la voie intermédiaire pour laquelle a été créé le néologisme « autofiction ». Elle peut ainsi apparaître comme une **forme nouvelle de « vérité romanesque »** grâce à laquelle, **délivré du serment de sincérité comme de l'obligation d'inventer**, rendant inopérante l'incertaine distinction du vrai et du faux, **le romancier s'écrit librement.**

● La bonne connaissance des procédés de la psychanalyse – en particulier son usage libératoire – et l'intérêt croissant, depuis les années 70, pour les formes du récit, ont en outre conduit à s'intéresser aux effets de construction. Il n'est pas étonnant que l'on assiste alors à l'inflexion d'une **écriture qui, tout en conservant l'identité entre l'auteur et le protagoniste, multiplie les bifurcations** et les excursions hors de la voie étroite du « récit de vie ».

● L'écrivain d'origine perse **Rezvani** montrait déjà dans *Les Années-lumière,* 1967, la richesse littéraire de procédés tels que **l'entrelacement du récit d'enfance et la narration du temps de l'écriture.** Le « je » désignant l'enfant comme le « je » de l'adulte apparaissent tous deux comme les créatures du « je » plein de verve de l'écrivain lequel, sans pour autant mentir, ne se prive pas d'inventer. « Mixage » du passé et du retour sur les lieux de ce passé, invention de parlers, réfection pour les besoins du livre, de l'univers onirique et imaginaire de l'enfant : les détails les plus précis sont d'évidence recomposés.

A. LA RECHERCHE D'INDICIBLES ORIGINES

Le domaine le plus poignant où s'opère semblable mise à distance du réel est sans doute la quête identitaire, lorsqu'elle vient à buter sur un trou noir, une incertitude absolue que la fiction, alors, a pour charge d'éclairer.

a. Patrick Modiano

Depuis 1968 *(La Place de l'Étoile),* cet écrivain désormais classique poursuit, au rythme d'un roman tous les deux ou trois ans, les fantômes qui, pendant l'Occupation, présidèrent à la ren-

6

contre et à l'union de ses parents. La date de naissance de l'auteur, 1945, semble en effet largement déterminer son univers fictionnel. Sous forme d'enquêtes – portant parfois sur l'identité même de l'enquêteur (*Rue des boutiques obscures*, prix Goncourt 1978) – ou bien d'aventures clandestines dont les protagonistes ne maîtrisent aucun enjeu (*Un cirque passe*, 1992), Modiano recrée chaque fois une atmosphère aux contours et aux règles flous. S'y débattent des personnages incertains de leur avenir comme de leur origine et bien souvent mis en face de situations professionnelles, sentimentales ou familiales délitées et incontrôlables.

● Le Paris des années 50 et 60 y est reconstitué avec une attachante nostalgie et une précision policière : identités et adresses, tickets de métro et notes d'hôtel, inventaires de valises et sacs à main, itinéraires soigneusement consignés servent de balises aux protagonistes désorientés au milieu des affaires clandestines dans lesquelles ils se trouvent, souvent malgré eux, entraînés.

● Chaque nouveau titre en vient à dessiner les contours d'un roman type, calqué sur ceux des précédents sans lui être semblable, tant il s'apparente à une pièce supplémentaire de ce puzzle à la dimension d'une œuvre. Si bien que **de livre en livre se consolide une « mythologie-Modiano »** faite de parcours hésitants et laborieux à travers les brumes d'un passé irréconciliable, d'amours incomplètes et de lieux hantés, et dont l'exergue pourrait être le titre de ce roman : *Du plus loin que l'oubli*, 1996. Car **aux sources de cet univers très reconnaissable et singulier se trouve le poids d'une mémoire écorchée par des circonstances biographiques douloureuses et insurmontées** (père juif affairiste, mère artiste en tournée, mort précoce du frère complice…). Dans un livre plus clairement autobiographique, l'auteur avoue : « Je rêvais de me délivrer d'une mémoire empoisonnée. J'aurais tout donné pour devenir amnésique » (*Livret de famille*, 1977).

● C'est dire si l'invention romanesque tient ici de la reconstitution fabulée, en un **interminable règlement de compte avec d'inconnaissables origines.**

b. « Je n'ai pas de souvenir d'enfance »

S'il ne compte pas, tant sa palette est variée, parmi les familiers du genre autobiographique, **Georges Perec** (▶ **chapitre 10**) a néanmoins laissé un ouvrage que l'on ne saurait oublier ici.

W ou le souvenir d'enfance, 1972, marque à la fois une intéressante innovation dans la forme autobiographique et permet de bien saisir l'enjeu d'une telle écriture dans le processus d'affirmation et de construction de l'individu-écrivain.

● Parce que le récit s'ouvre sur cette paradoxale affirmation : « Je n'ai pas de souvenir d'enfance », il s'appuie aussitôt sur une fiction, imaginée, dit l'auteur, à l'âge de douze ans. Celle-ci d'emblée se donne pour une métaphorique quête d'identité, et alterne au fil des pages avec des bribes de souvenirs réels qui, petit à petit, recomposent une enfance tout entière conditionnée par la mort du père au combat, et de la mère en déportation.

● Le récit fictif se tresse à ces souvenirs jusqu'à en devenir une forme alternative, si bien que l'on voit peu à peu la fiction utopique inventée par l'enfant dessiner les contours d'un imaginaire mais très vraisemblable camp de concentration, entièrement déduit des cauchemars, des silences et des interrogations d'un enfant auquel on a toujours voulu cacher la vérité. La **complémentarité des deux plans – réel et fictionnel –** est alors telle, et semble si justement rendre compte d'une vérité cachée qu'elle éclaire, plus encore que les vertus de la fiction, les conditions d'émergence d'une vocation d'écrivain.

B. L'IMPUDEUR D'ÉCRIRE

a. Écrire la mort de l'autre

Serge Doubrovsky, inventeur du terme « autofiction », est aussi celui qui s'est aventuré le plus loin vers les limites du genre. Son travail « romanesque » accompli entre 1977 et 1994 convie le lecteur au plus près d'une intimité où sa psychanalyse, ses tâches d'enseignant, sa sexualité, ses malheurs conjugaux – et le spectacle permanent de l'écriture de cet ensemble – se combinent en un **vaste monument, aussi érudit qu'égocentrique, dressé à l'impudeur.** Avec *Le Livre brisé* (prix Médicis 1989), le parti pris de « tout dire » de sa vie privée le conduit à rendre compte au jour le jour et de manière crue du déchirement de son couple, de la dégradation par l'alcoolisme, puis de la mort de sa femme, laquelle trouve dans ce récit même, en train de s'élaborer sous ses yeux, le miroir désespérant de sa déchéance.

● Si bien que la rédaction du livre que l'on est en train de lire ne

6

peut passer pour un simple témoignage, mais bien pour un acte dont chaque page nous fait mesurer les conséquences. Le volume suivant, *L'Après-vivre,* 1994, prolonge cet inconfort majeur du lecteur en lui faisant part, avec le chagrin et la culpabilité du narrateur, de ses échecs amoureux ultérieurs.

b. Écrire sa mort

La démarche d'**Hervé Guibert** participe, elle aussi, à sa manière, de cette revendication d'impudeur et de cette volonté d'exhibition extrême. Auteur, tout au long des années 80, de courts récits d'une rare violence, il atteint une audience beaucoup plus vaste avec *A l'ami qui ne m'a pas sauvé la vie* (1990), puis *Le Protocole compassionnel* (1991), dans lesquels il détaille la progression de l'épidémie de sida dans le milieu homosexuel parisien. Il montre comment elle affecte ses amis, emporte l'un d'eux, l'atteint lui-même, comment la maladie progresse et quels comportements elle induit aussi bien chez le personnel soignant que chez le malade et ses proches. Ici, la fiction, si elle se glisse, le fait sous le couvert indécelable du reportage vécu sur un sujet de brûlante actualité. Personnages réels, lieux identifiables et situations vraisemblables, véritables désespoirs et espoirs factices, descriptions extrêmement précises de l'affection et de ses conséquences. Le récit découpé en brefs chapitres, comme soufflés par une respiration de plus en plus exténuée par les progrès de la maladie, présente une description cruelle du mal au moment même où celui-ci détruit l'écrivain.

● Dévoilant et exploitant crûment la nature exhibitionniste de l'autobiographie, les livres de Guibert gênent sans apitoyer, tant leur caractère clinique leur confère une allure documentaire. L'angoissante approche de la mort annoncée de l'auteur est en même temps désamorcée par l'importance du rituel, du détail quotidien, qui installent la maladie, fût-ce provisoirement, dans un autre réel, simplement décalé. L'écriture autobiographique, planche de salut dont la vanité n'est jamais mise en doute, ou témoignage non exemplaire, sans but moral, apparaît ici comme geste ultime, ni salvateur ni symbolique, mais simplement indispensable, de celui qui se regarde disparaître et fait de ce regard même un spectacle émouvant.

C. RECONSTRUIRE LE CHEMIN D'UNE VIE

a. Le récit de l'avant-naître

● L'ambitieuse entreprise autobiographique de **Jacques Roubaud** (▶ **chapitre 10**) propose un autre type d'expérimentation, affectant cette fois la forme du livre et de l'écriture. Depuis la publication du *Grand Incendie de Londres,* 1989, jusqu'à *Mathématiques,* 1997, ce « poète-compositeur de mathématiques » procède à une singulière et tortueuse entreprise prenant la forme d'un fleuve textuel où se mêlent, selon des ordres de lecture, des niveaux de texte et des strates temporelles extrêmement variées, toutes sortes d'éléments autobiographiques.

● Procédant selon des « branches » successives ou parallèles, le texte propose une multitude de pistes éclairant les raisons de l'échec d'un roman qui aurait été le projet d'une vie, examinant son matériau, l'analysant et en rendant compte jusqu'à en faire, étalé sous nos yeux, la matière même du récit autobiographique. Dans ce projet, la **fiction se trouve remplacée par les « pictions », images ou souvenirs le plus souvent numérotés, dont l'ordre général défie la chronologie** et dont la glose à plusieurs niveaux sert d'amplificateur, provoquant, plus que l'introspection, une frénésie d'écriture. Le récit de vie linéaire se trouve bousculé par toutes sortes de références aux lectures, aux souvenirs, voire aux propos théoriques et au spectacle fascinant de l'écriture elle-même.

● Livre étrange et complexe, élaborant au fil de l'écriture le mode d'emploi de sa lecture, ce non-roman revendiqué brouille les pistes généalogiques comme pour mieux parvenir à piéger les failles du rêve et du souvenir, fût-ce celui d'avant la naissance.

b. Par-delà les cahots de la mémoire

Michel Chaillou pratique une forme bien différente de récit autobiographique qui relève pourtant, à sa manière, d'une même volonté de trouver une voie inédite vers la vérité à travers des formes innovantes. Chacun des livres qu'il a fait paraître avant de se lancer dans l'autobiographie s'offrait déjà comme la reprise personnelle d'un texte fameux, de ses codes et de son atmosphère. *Jonathamour,* 1968, était démarqué de Stevenson, *Le Sentiment géographique,* 1976, de *L'Astrée,* et *Domestique chez Montaigne,* 1983, des *Essais,* bien sûr. En trois volumes (*La Croyance des voleurs,* 1989 ; *Mémoires de Melle,* 1993 ; *La Vie* *privée du désert,* 1995), son récit autobiographique se plaît encore aux bousculades et aux inversions.

● C'est bien sa propre enfance et son adolescence, respective-ment à Nantes, au Maroc, dans le Poitou, qui forment la trame des ouvrages, mais leurs titres, tout comme le nom du protago-niste, Samuel Canoby et non Michel Chaillou, offrent fausses pistes et décalages. Plus de chronologie nécessaire, plus d'unité de lieu possible : le souvenir d'une photo peut engendrer l'évo-cation d'un personnage qui n'est pas encore né, tout comme le nom « Melh » d'un quartier de Casablanca fait sonner d'avance celui de Melle, dans les Deux-Sèvres où il vivra plus tard. Ses Mémoires sont ébouriffés tout comme la mémoire qui éclate la réalité en fragments discontinus mais complémentaires.

● A la recherche d'origine, de paternité problématique, Chaillou **cultive l'art de recréer par l'éparpillement, dans l'espoir de trouver un chemin qu'aucune continuité ne découvre.** Aussi son entreprise relève-t-elle d'une extension possible du domaine romanesque. Aucune fidélité à l'expérience, aucune continuité forcée, mais une convocation chaotique et imaginaire de sensa-tions, d'images et de réminiscences, d'angoisses et de fantasmes, qu'on lit sans souci de connaître le déroulement d'une existence vécue, mais plutôt comme une **enquête, orientée par le jeux des mots, vers la part obscure du moi.**

LA MÉTAMORPHOSE DES « AVANT-GARDES »

Les années 60 furent celles de grands bouleversements théoriques, marqués par l'ouverture d'une « ère du soupçon » à l'égard du roman traditionnel, son intrigue et sa psychologie. Depuis, les directions prises sont révélatrices des voies par lesquelles a évolué l'« avant-garde » de la littérature.

● L'attribution en 1984 du prix Goncourt à Marguerite Duras pour un roman tardif, puis le prix Nobel décerné à Claude Simon en 1985 et enfin, en 1996, l'entrée de Nathalie Sarraute dans la très prestigieuse collection « La Pléiade » ont contribué à donner à ces auteurs jusque-là tenus pour difficiles une place parmi les acteurs essentiels de l'histoire littéraire. A travers eux, une conception innovante du roman se trouve consacrée par les plus hautes récompenses.

● Mais en même temps que s'accomplit cette reconnaissance, des indices concordants témoignent d'une mutation en profondeur des positions sur lesquelles reposait initialement leur écriture. **Les principes fondateurs se trouvent de plus en plus souvent délaissés, et l'anecdote, le portrait, l'autobiographie font leur entrée sous les plumes où on les attendait le moins.**

A. L'ÉVOLUTION DU « NOUVEAU ROMAN »

Dès les années 60, la position des écrivains groupés sous cette bannière consistait à nier la réalité de leurs affinités. Pour eux, le « nouveau roman » était moins une école qu'une appellation de circonstance sous laquelle se trouvaient réunis divers auteurs publiés chez le même éditeur. De fait, leurs pratiques ont tendu à s'individualiser de plus en plus.

a. Robbe-Grillet et l'autobiographie

« Chef de file », théoricien et zélateur du mouvement, **Alain Robbe-Grillet** s'est lancé, avec *Le miroir qui revient,* 1984, dans une trilogie intitulée « Romanesques » dont le personnage central est présenté comme un double ambigu de l'auteur. La première phrase : « Je n'ai jamais parlé d'autre chose que de moi » invite d'ailleurs à jeter rétrospectivement une lumière autobiographique sur toute l'œuvre.

7

● Les volumes suivants, *Angélique ou l'Enchantement,* 1988, et *Les Derniers Jours de Corinthe,* 1994, complètent un autoportrait éclaté en lequel se mêlent, selon une savante architecture, des bribes de fiction qui offrent de reconstituer l'univers fantasmatique de l'auteur et des souvenirs très précis grâce auxquels son enfance, tout comme ses débuts littéraires, nous sont clairement présentés.

● **La fiction, au lieu de se substituer à l'autobiographie, alterne avec elle dans un vertigineux entrecroisement** qui offre au lecteur de ne plus les considérer comme antagonistes mais comme **deux modes d'expression naturels et complémentaires.** Si l'engagement politique ou éthique est à nouveau condamné avec conviction, le tabou est, en revanche, levé sur la prétendue transparence des personnages. L'auteur, loin d'être un géomètre distant, est bien présent en eux, et les accidents de leur vie tout comme leurs désirs, **sublimés par la nature métonymique du roman,** sont bien un reflet des siens.

b. Claude Simon, architecte du souvenir

Les récents romans de **Claude Simon** témoignent, eux aussi, d'un creusement de la veine autobiographique. On ne saurait, bien sûr, s'attendre, chez cet auteur pour qui « la description est le moteur de l'action », à des récits linéaires centrés autour de sa personne. Mais les grands motifs qui ont dessiné son existence (mort du père pendant la Première Guerre mondiale, expérience de la mort lors de la Seconde Guerre, maladie ensuite, travail agricole…) donnent une perspective nouvelle au retour obsédant, d'un livre à l'autre, des scènes et des situations.

● Le tressage des temps et des récits va s'accroissant, à mesure que l'investigation permet de remonter dans le temps. Si l'épisode de la mort suspecte d'un cavalier sous les tirs ennemis, crucial dans *La Route des Flandres,* 1960, réapparaît dans *Les Géorgiques,* 1981, la recherche des origines ou de la « raison » de cet « accident » conduit à présent au cœur des guerres napoléoniennes du côté d'un ancêtre maternel, ou encore dans l'Espagne de 1936. **C'est toujours le même « il » en qui s'opère de manière troublante la fusion des identités et en qui se cristallise le temps cyclique de l'Histoire.** Toutes ces guerres se font écho, produisant avec la vigueur d'une symphonie l'impression d'une continuité intarissable dans l'horreur produite par la bêtise humaine.

● *L'Acacia,* 1989, semble lui aussi tirer parti du même traumatisme guerrier, mais c'est encore pour le mêler aux impressions
nées d'une guerre plus ancienne. En 1919, une veuve (figurant la
mère de l'auteur ?) cherche à connaître les conditions de la mort
de son époux. Cette quête de vérité, ce besoin de savoir engen-
dré par-delà toutes les guerres et à propos d'épisodes particulièrement absurdes, poussent ainsi quelques hommes et femmes
à remonter le fil du temps, dans l'espoir de comprendre « comment on a pu en arriver là ». Toujours aussi fortement ancré dans
la description et l'évocation précise des faits et des sensations, le
récit est plus clair, les phrases moins enchevêtrées que dans les
romans antérieurs, comme si l'auteur, démultipliant les épisodes
au lieu de s'enfoncer plus loin à l'intérieur de chacun, cherchait
à **encercler les raisons les plus lointaines et les plus insoupçonnables de sa propre histoire.** Si bien que dans *Le Jardin des
plantes,* 1997, les souvenirs de toutes les époques de sa vie se
fondent littéralement les uns dans les autres. Forçant par des
artifices typographiques la linéarité du récit, l'auteur-composi-
teur s'efforce de les ordonner, selon ce permanent besoin de leur
trouver un sens.

c. Pinget et l'indiscernable

L'état actuel du nouveau roman conduit encore à évoquer le travail de **Robert Pinget** et sa forme propre d'intervention dans la
fiction. Parmi ses nombreuses publications, entre autres théâ-
trales, remarquons les deux copieux romans *L'Apocryphe,* 1980,
et *L'Ennemi,* 1987, entre lesquels le fil est continu. Le second
s'offre en (partielle) élucidation de ce que propose le premier.
Autour d'un cambriolage accompli dans un manoir, un manus-
crit s'élabore et peu à peu se transforme. Des jeux complexes
d'observation se déroulent entre un incertain narrateur constamment tourmenté et la figure bucolique d'un berger au loin.
● **Menaces confuses, tentatives incessantes pour comprendre,
sentiment permanent mais irraisonné de fin conduisent à une
permanente réécriture du texte,** biffure, gommage et palimp-
seste qui seront déchiffrés dans le livre suivant. Mais alors, des
pages entièrement blanches, la description de monogrammes
énigmatiques, l'incursion répétée de petites gênes sont autant de
nouveaux obstacles à l'identification claire de l'« ennemi » dont
la présence obsédante est cependant avérée par un meurtre ou
des lettres compromettantes.

7

● Roman de l'énigme et de la peur, de l'impossible déchiffrement et de l'incertaine intrigue, **le texte de Pinget cerne la
présence diffuse de la mort** et tâche de la combattre en déro-
bant à son approche tous les êtres ou objets qu'elle pourrait
emporter. C'est un travail d'écriture à l'apparence sans cesse
lacunaire ou « inachevée », un texte dans lequel on avance à
tâtons, dont la lecture, autrement dit, est une véritable opéra-
tion de re-création.

● Sans doute est-ce l'occasion d'apprécier comment, en fin de
compte, le **désir d'effacement du sujet et de l'auteur** exprimé
bruyamment dans les années 60 trouve aujourd'hui son accomplissement dans le travail d'un écrivain parmi les plus discrets.
On voit ainsi que **le nouveau roman n'existe plus selon les critères qu'il s'était proposés ni sous le visage qu'il s'était choisi.**
Mais il faut pourtant convenir que, parmi ceux qui y furent
impliqués, se trouvent des écrivains parmi les plus importants
de leur génération, ceux qui ont consacré leur vie et leur travail
à élaborer une forme capable de mettre au jour – et à jour – les
plus subtils ressorts de la relation entre l'être et le monde. C'est
là leur seul véritable point commun, c'est aussi le seul qui
compte.

B. AUTEURS « DIFFICILES » : DE LA MARGE AU SUCCÈS

Parmi les expérimentations les plus hardies qu'ait connues la littérature française depuis l'après-guerre, trois démarches tenaces
ont donné naissance à des œuvres considérables, désormais largement reconnues.

a. Nathalie Sarraute

Sans doute est-ce encore une fois le détour tardif par l'autobiographie, avec *Enfance,* 1983, qui a permis de mieux faire
connaître la démarche très particulière de cet auteur. Son autobiographie est d'ailleurs conduite sous la forme originale
d'un interrogatoire où un interlocuteur anonyme et critique
(mais n'est-ce pas une « autre voix » d'elle-même ?) soutire à
« Natacha » le récit morcelé d'une enfance interrompue à l'âge
de douze ans.

● Éclairée essentiellement par les peurs, les blessures et les questions qui l'ont marquée, **cette enfance d'allure sage et protégée**

apparaît comme l'évident ferment de l'écriture à venir : traumatismes causés par des propos d'adultes, observation d'un jeu social sous l'apparence anodine duquel se cache une terrible férocité, solitude dans laquelle enferme le langage. Loin de constituer un récit apaisant, la découverte de cette enfance déchirée entre France et Russie, père et mère, désirs et interdits, mots prononcés et mots compris autrement, contribue à éclairer la **cohérence du projet d'écriture conduit depuis 1939.**

● Car le fil continu de cette œuvre persiste à se déployer, comme en témoigne *L'Usage de la parole*, 1980, dans lequel se poursuit sous la forme de brefs chapitres l'interception de « sous-conversations », à travers notamment la prise en compte d'énoncés saisis au vol, de paroles jetées à la va-vite, disséquées jusqu'à ce qu'en apparaisse clairement l'insupportable cruauté. Nul doute qu'on est là toujours dans la lignée des *Tropismes* de 1939. *Ici*, 1995, témoigne encore d'une évolution. Plus qu'un regard extrêmement aiguisé posé sur les « petits faits vrais », ce livre explore de l'intérieur les états de conscience, erreurs de jugements, trous de mémoire, etc. Toute une activité cérébrale plus ou moins consciente, présente chez chacun, se trouve fixée, décrite, comprise par l'écriture en de **courts textes qui proposent ni plus ni moins qu'une exploration de l'espace mental.** Le mode narratif s'en trouve bien sûr affecté, renouvelé : ni « je » ni « nous », « parce que nous ne disons jamais "je" ou "nous" à l'intérieur de nous-mêmes »…

● Bien qu'en marge du champ romanesque – elle recourt rarement à la fiction –, Nathalie Sarraute continue à creuser, depuis plus d'un demi-siècle, la même question, à débusquer les **significations secondes des mêmes gestes ou des paroles les plus apparemment anodines.** Et l'on peut penser qu'elle a nourri ce faisant bien des auteurs qui ont su tirer un parti romanesque de son regard redoutablement efficace.

b. Marguerite Duras

La très tardive reconnaissance du grand public à l'égard de son œuvre est contemporaine d'une attitude publique nettement affirmée depuis le début des années 80. Au moyen de prises de position multiples, elle est bruyamment sortie de son cercle confidentiel et s'est dès lors transformée en une cible de choix pour les caricaturistes et humoristes qui eurent beau jeu de fustiger son style, ses points de vue et ses travers personnels.

● En même temps, fidèle à ses choix souvent courageux, la romancière a persisté dans une double démarche. Des textes plus « lisses », plus « abordables » que ceux des deux décennies précédentes, plus rapides en même temps que ceux des années 50, lui ont permis d'explorer à nouveau la veine autobiographique sans souci de véridique, sans s'interdire de la mêler de fiction, mais en cherchant au plus profond des émotions intimes. La première expérience d'amour et de transgression avec *L'Amant*, 1984, jette un nouveau regard, plus sensuel, moins social et plus cru sur l'adolescence indochinoise magnifiquement évoquée en 1950 dans *Un barrage contre le Pacifique*. Le récit du retour de déportation de son mari Robert Antelme dans *La Douleur*, 1985, éclaire l'origine personnelle de l'**exceptionnelle intensité émotive qui fait la force et la cohérence de l'œuvre entière.** D'autres bribes et souvenir achèvent avec *Écrire*, 1993, cet autoportrait de l'écrivain qui offre un éclairage nouveau pour relire (ou relier) ses romans antérieurs.

● Simultanément, fidèle à une démarche qui lui fait « détruire » par un livre tout ce qu'a construit le précédent, elle donne aussi des ouvrages épurés, tendant vers le vide et exhibant la vieillesse, l'assèchement : *Emily L.,* 1987, *C'est tout,* 1995. Ou encore, comme par besoin de pousser plus loin les conséquences de l'aveu, avec *L'Amant de la Chine du Nord,* 1991, elle joue une dernière fois de la réécriture, de la correction, du découpage, pour déchirer son livre le plus célèbre et se le réapproprier, **trouvant dans une écriture morcelée, inachevée, presque brutale,** la formule longtemps cherchée qui fond le livre et le film rêvé, la violence politique et la blessure intime, l'obsession de la découverte et le **ressassement éclairant des grandes douleurs primitives.** Ce livre manifeste, dans son ambiguïté, la revanche de la littérature – recherche frénétique d'un sens inouï – sur le succès populaire, c'est-à-dire la réception consensuelle d'un sens admissible.

c. Philippe Sollers

Chef de file, dans les années 60 et 70, du mouvement d'avant-garde représenté par la revue « Tel Quel », cet écrivain s'est, plus encore que les deux précédents, confronté à la difficulté de trouver un équilibre entre la fidélité à un projet ambitieux et la reconnaissance par le plus grand nombre. Son image publique d'écrivain s'est élaborée alors que son travail de romancier changeait notablement de direction, le désir de subversion qui l'animait se réalisant *in fine* dans une représentation hypertrophiée du moi.

● Dans *Paradis,* 1981, texte fleuve, prolongé d'un second volume en 1986, l'écrivain expérimentait les vertus profuses du jaillissement verbal continu, sans pause ni ponctuation, sans sujet plus précis qu'un **désir d'englobement,** qu'une **pure énergie d'écriture, en une ambition totalisatrice dont il touchait la limite en même temps qu'il l'énonçait.** Dès lors, une fois « ruiné » le modèle romanesque, voilà qu'il y recourait aussitôt dans des récits autocentrés. *Femmes,* 1983, *Portrait du joueur,* 1985, *Le Cœur absolu,* 1987, font la part belle aux aventures érotiques du narrateur ainsi qu'à la défense et illustration de ses valeurs culturelles et morales et à ses prises de position soigneusement provocatrices. *Le Lys d'or,* 1989, *La Fête à Venise,* 1991, exploitent ensuite une trame romanesque (dans les deux cas, une histoire d'amour conjuguée à une enquête sur une œuvre d'art à valeur symbolique) pour jouer des ressorts littéraires de la séduction, celle réciproque de l'homme et de la femme et celle, bien entendu, de l'écrivain sur son lecteur. Si *Studio,* 1997, prend prétexte d'une histoire d'espionnage, elle est confuse ou inachevée, car le texte, saturé de références, de paradoxes, d'incursions du narrateur, joue constamment sur les fausses pistes et ne cesse de montrer que son sujet est ailleurs, dans un sphère poétique où **le rythme, la déconstruction et les citations tiennent lieu d'univers.**

Tirant parti des démarches expérimentales de ses prédécesseurs, une nouvelle génération d'auteurs se fait connaître durant les années 80 en parvenant, sans les radicaliser, à les fondre dans une **forme d'écriture romanesque où le ludique et le détachement tendent à se substituer aux propositions esthétiques rigides.**

● Le parti pris descriptif et l'apparente neutralité du regard y sont travaillés en sous-main par une vision acerbe du quotidien où l'**humour** et la **distance ironique** remplacent le sérieux obstiné des œuvres de la génération précédente. Mais on retrouve dans ces textes le très soigneux « lissé », la finition impeccable de l'écriture et l'exigence formelle qui demeurent une « marque de fabrique » des auteurs du nouveau roman et de leur éditeur, les Éditions de Minuit, qui, après avoir abrité les premiers, parie désormais sur ceux-là.

A. LA DÉRISION VIRTUOSE

a. Un chef de file : Echenoz

Depuis 1979, **Jean Echenoz** publie un roman tous les trois ans environ. Il s'agit chaque fois d'un texte extrêmement raffiné, truffé d'astuces de rédaction ou de construction, de jeux sur les mots, les clichés et les stéréotypes qui font plus que redoubler l'intérêt porté à l'intrigue. La filiation avec le nouveau roman ne se limite donc pas au fait d'être publié chez le même éditeur.

● A part cela, la différence est grande, car il s'agit bien en apparence de romans au sens traditionnel : intrigue, personnages – dotés de véritables noms –, rebondissements et dénouement, rien ne manque. Mais tout cela est revu par un « second degré » dans lequel humour et parodie prennent le devant. Que le motif de départ soit une histoire de détectives (*Cherokee,* prix Médicis 1983), un récit d'aventures (*L'Équipée malaise,* 1986) ou d'espionnage (*Lac,* 1989), il ne s'agit jamais vraiment de le prendre au sérieux. **Personnages et situations ont beau être scrupuleusement calqués sur le modèle initial, le narrateur virtuose et espiègle ne cesse pas un instant de les désamorcer :** anecdote trompeuse, fausse piste ou « mouvements d'écriture » comme on parle de mouvement de caméras se succèdent et deviennent les véritables centres d'intérêt de la lecture. Dans *Nous trois,* 1992, s'y ajoute la fantaisie d'une imagination qui conduit les protagonistes, sans aucune rupture de ton ni de style, d'un banal accident de voiture à un tremblement de terre en plein Marseille ou un voyage interplanétaire. Dans *Les Grandes Blondes,* 1995, enfin, si la satire des mœurs télévisuelles fournit le cadre et les personnages de l'intrigue, son traitement relève du jeu ironique et malicieux avec la psychologie et la psychopathologie des habitués du « showbiz ».

b. La plaisante vanité du romanesque

● **Christian Gailly** partage le même souci d'un **humour porté par le style plutôt que par les situations.** Une apparente désinvolture le conduit à mêler sans distinction typographique dialogue, monologue intérieur ou narration. Mais il s'agit d'effets d'écriture extrêmement concertés qui visent à adhérer au plus près de la perception du réel par ses personnages eux-mêmes confus ou désorientés. Le choix de situations, de décors et de personnages, la plupart du temps anodins (dans *Les Fleurs,* 1993, une rencontre entre deux voyageurs du métro), lui permet ainsi d'explorer l'élaboration de la pensée, ses élans, ses refus, ses accrocs. Le « héros » de l'*Incident,* 1996, trouve un portefeuille, et il lui faut une centaine de pages avant d'entrer en relation avec sa propriétaire : rien n'est simple ! Ce développement de l'hésitation est surtout le moyen pour l'auteur de construire un **personnage dont l'apparente banalité est le masque d'un désarroi exhibé dans toute sa profondeur et son humanité.**

● Dans une comparable défiance à l'égard du « romanesque », les livres de **Christian Oster** témoignent eux aussi de l'inanité de l'intrigue. Rencontrer une fille dans la rue et la suivre, sans trop d'espoir, sur son lieu de vacances, suffirait à un compte rendu presque exhaustif de cette *Aventure,* 1993, au titre bien ironique. C'est que, là encore, l'existence est détachée des contingences et ne trouve à se justifier que dans un **minutieux déchiffrement des velléités, des rêves et des angoisses.** « L'essentiel ne se voit pas », dit le narrateur du *Pique-nique,* 1996, en une formule qui résume cette **approche de la fiction par la platitude.** Un récit mouvementé ne saurait rendre compte de l'expérience du saisissement ni des émotions ordinaires. Il faut pour cela une prose débarrassée de superflu, un regard au ras du quotidien.

● **Éric Laurrent** dynamise pour sa part cette approche désabusée du réel par le fait d'une **écriture ludique, nerveuse et explosive** (*Coup de foudre,* 1995, *Les Atomiques,* 1996, *Liquider,* 1997). Une surenchère d'effets humoristiques : raretés lexicales, néologismes, gags cinématographiques, clins d'œil, accélérations… transforme des intrigues à trame policière en « longs métrages » comiques et colorés, décalés en permanence. L'aspect factice de toute intrigue, la primauté de l'écriture sur la prétendue réalité des situations sont démontrés à chaque page par de **vertigineux abus de virtuosité.**

B. IRRÉSISTIBLES IMPASSIBLES

Proches des précédents par leur volonté de mise à distance du réel et par leur point de vue fortement subjectif, d'autres romanciers poussent plus loin encore le détachement à l'égard de l'intrigue, à laquelle ils n'accordent pas même le statut de parodie.

a. L'inconsistance considérée comme un art

C'est avant tout le cas de **Jean-Philippe Toussaint** dont l'approche romanesque repose sur l'**attitude détachée et faussement désinvolte d'un narrateur décalé.** Celui-ci paraît à chaque fois fourvoyé dans un monde réel qui ne le concerne que par accident. Mais peut-être n'est-ce là encore qu'un jeu, puisque ses occupations comme ses réflexions, entre aparté et monologue intérieur, le montrent préoccupé par la précarité de la condition humaine.

● **Nouveau visage littéraire de l'absurde,** explicitement rattaché au divertissement pascalien, le mode d'existence du protagoniste – d'ailleurs sans nom, si ce n'est le plus neutre : *Monsieur,* 1986 – est fait d'indifférence marquée pour les valeurs des « jeunes bourgeois urbains » dont il fait partie. Amour et couple, travail, argent, organisation de la journée, rien ne semble capter son attention, si bien qu'il traverse l'existence en feignant de n'y pas participer. Le jeu de fléchettes dans une chambre d'hôtel (*La Salle de bains,* 1985) ou la recherche d'une bouteille de gaz (*L'Appareil photo,* 1988) peuvent ainsi occuper plusieurs dizaines de pages, durée suffisante pour que le lecteur soit dissuadé de s'y intéresser et séduit – ou agacé – par les multiples diversions, remarques anodines et ruptures de ton qui occupent le temps du récit et relèvent d'un étourdissant comique pince-sans-rire. L'indifférence du personnage vis-à-vis des autres, du temps qui passe ou encore des occupations dites « sérieuses », est **la marque à la fois d'un profond désespoir et d'une volonté de s'en détourner par la badinerie.**

● Après un passage par le cinéma, Toussaint renoue avec le roman en donnant dans *La Télévision,* 1997, un roman plus long et plus autobiographique, récit de solitude durant l'été berlinois doublé d'une réflexion « en images » sur l'inanité des moyens de communication. Peut-être l'attitude consumériste du « téléspectateur » ici dénoncée livre-t-elle la clé, et la plus banale, de ce comportement qui paraissait si original.

b. La morale du crabe

Plus éloigné des modèles romanesques, **Éric Chevillard** va loin dans l'exposition abstraite et surprenante d'une attitude « philosophique ». Par sa forme, le roman (*La Nébuleuse du Crabe,* 1993, *Un fantôme,* 1995) s'apparente au recueil de maximes ou d'anecdotes. Leurs points communs : cruauté, absurdité, désespoir porté au plus haut degré de comique, suffisent à la création d'une atmosphère. Une suite de paragraphes ou de très courts chapitres constitue le livre dans lequel un personnage moins que consistant est manipulé, placé tête en bas dans les situations ordinaires dont il révèle d'**étonnants prolongements intérieurs.** A la manière du Watt de Beckett, du Monsieur Monsieur de Tardieu ou du Plume d'Henri Michaux, il est de toutes parts **débordé par la réalité,** meurt et naît plusieurs fois et jette sur le monde des humains un regard extérieur naïf et douloureux qui **provoque chez le lecteur autant d'éclats de rire que d'angoisse.**

L'une des directions les plus durablement prises par l'écriture romanesque en prolongement du nouveau roman consiste à envisager, dans sa vérité nue, la réalité quotidienne. La description demeure le principe central de récits dans lesquels peu d'accidents, peu de surprise ou de nouveauté viennent modifier la situation initiale. Mais celle-ci est à la fois exemplaire et emblématique d'une façon d'être propre à la vie contemporaine.

● Par l'analyse extrêmement méticuleuse de situations conflictuelles, même et surtout si elles sont presque imperceptibles, Nathalie Sarraute (▶ **chapitre 7**) a ouvert la voie à cette **littérature de l'infra-ordinaire.** A sa suite, de nombreux auteurs – en particulier des femmes – excellent dans la présentation de situations délicates, le plus souvent de détresse, mettant en cause les personnages ordinaires que chacun croise à longueur de journée dans la vie urbaine sans jamais en connaître les problèmes ni les désirs.

● En choisissant délibérément ces silhouettes et ces situations sans relief, le romancier – ou la romancière – délaisse une bonne part des ressources de la fiction, mais n'abandonne pas pour autant celles de l'imagination. Il en faut, en effet, pour restituer ainsi dans son exactitude **la démarche, le parler, les soucis et les rêves même stéréotypés de personnages lisses, interchangeables, sinon anonymes.** Des qualités d'écoute et d'observation sont bien entendu requises avant tout, et la réussite de l'entreprise tient pour beaucoup à la justesse du regard porté sur le monde.

A. LE ROMAN DES ANONYMES

a. Vers une nouvelle forme d'engagement

● Le parcours de **Danièle Sallenave** est exemplaire de cette orientation. Ses premiers livres, publiés au milieu des années 70, la rattachaient d'assez près à la prose expérimentale, très élaborée, multipliant les effets de construction ou de temporalité. Avec *Les Portes de Gubbio,* prix Renaudot 1980, elle s'exerçait encore à la multiplicité des registres formels tout en laissant paraître un intérêt particulier, confirmé depuis, à l'égard des situations spécifiques des pays de l'Est européen. Elle s'oriente dès lors vers une **prose hyperréaliste qui présente, sous les dehors de la neutralité, un point de vue cru sur des parcours individuels très communs,** symptomatiques d'une crise de la conscience collective et des difficultés contemporaines à prendre en compte l'existence de l'autre dans la vie quotidienne. *La Vie fantôme,* 1986, ou *Conversations conjugales,* 1987, dressent ainsi un tableau dissuasif de l'ordinaire conjugal, depuis le récit pointilleux des mille et une lâchetés de l'adultère sans passion jusqu'aux échanges verbaux venimeux et aux tensions extrêmes.

● Romancière dont les qualités de restitution reposent sur l'ouïe et le souvenir, Danièle Sallenave s'attache à montrer des processus tels que le vieillissement, la passivité, l'affaissement des corps et des sentiments. La perte des illusions donne une couleur dominante à ces « tranches de la vie moderne » que l'on pourrait croire, ainsi présentées, plutôt désabusées. Les ouvrages suivants, *Les Trois Minutes du diable,* 1994, *Viol,* 1997, attachent une importance déterminante aux facteurs politiques et sociaux qui permettent de comprendre certains comportements tragiques au moyen d'une **écriture aussi proche que possible du « terrain »,** de la vérité nue.

● Sous couvert et au moyen de son approche objective, cette littérature du quotidien paraît donc bien offrir une alternative nouvelle à l'« engagement » en littérature. Sans prescrire aucune attitude ni dénoncer les causes de la déchéance et de l'abandon près desquels elle nous conduit, l'auteur nous invite à les déchiffrer par nous-mêmes et à lire dans les destins qu'elle a créés les **lois souterraines d'un monde où le lien social s'est effroyablement distendu.**

b. Le discret vacillement des identités

Chez **Anne-Marie Garat,** c'est l'œil qui nourrit la fiction, comme en témoignent les nombreuses références à la photo et au cinéma. Son écriture n'est pas pour autant neutre ou objective, puisque elle aussi s'attache à faire connaître en profondeur des personnages souvent en proie à une dérive qui accentue leur solitude. L'attention aux infimes détails du décor, des attitudes et des gestes quotidiens est ici le seul moyen pour renouer avec une identité effondrée dans les failles du passé. Qu'il rentre de voyage (*Le Monarque égaré,* 1989, *Aden,* prix Femina 1992) ou soit obnubilé par les traces que l'inconscient repère dans les bribes d'image (*L'Homme de Blaye*, 1984, ou encore *Chambre noire*, 1990), le protagoniste est saisi par la romancière dans la **période qui voit sa personnalité se fissurer et souvent son propre corps devenir ingouvernable.**

● S'ensuit un travail sur la mémoire des lieux et des sensations qui prend d'un roman à l'autre les formes les moins attendues : dans *Aden*, la mémoire est celle d'un ordinateur. Dans *Merle*, 1996, le personnage éponyme trouve dans son activité de monteuse de cinéma un reflet troublant de son propre éparpillement. Souvent, le trouble individuel se trouve éclairé par la connaissance des lois techniques et scientifiques qui gouvernent le monde des objets. La démarche réaliste de l'auteur se trouve ainsi justifiée par la nécessité d'apporter la plus grande attention à l'environnement, aux gestes et aux paroles, aux attitudes des amis et des conjoints du protagoniste pour mieux réussir à cerner la complexité de son état.

● Les jeux, parfois complexes, de construction, d'enchaînement des chapitres, la fixation sur quelques images récurrentes et obsédantes rappellent par moments l'influence des proses expérimentales des années 70. Pourtant, son écriture est souvent enrichie par la poésie des lieux et des objets, et la fameuse « psychologie » n'est jamais très éloignée. Mais elle est abordée sans jamais rien devoir à l'impressionnisme subjectif qui était, pour les auteurs des générations précédentes, le principal outil. Au contraire, on voit avec cette romancière comment **la complexité de la sphère intime peut être approchée à l'aide d'une analyse fine des perceptions les plus quotidiennes.**

B. LA PESANTEUR DU QUOTIDIEN

a. La vérité intime des êtres

« La vie quotidienne, voilà la difficulté », dit un personnage de **Pierrette Fleutiaux.** Cela suffit à aborder l'œuvre de cet écrivain essentiellement composée de nouvelles, mais dont les romans portent eux aussi un éclairage subtilement éclairant sur les dessous d'existences *a priori* peu remarquables. Parce qu'elle n'hésite pas à regarder le monde selon les métamorphoses du réel que certains individus croient percevoir en y projetant leur propre univers fantasmatique, on l'a vite répertoriée parmi les auteurs « fantastiques » (*Histoire de la chauve-souris*, 1975, *Histoire du tableau*, 1977). Elle est surtout la **romancière des tourments et des déchirements d'adolescents qui ne parviennent pas sans dommage à s'adapter à l'univers adulte.**

● Dans un épais roman polyphonique et poétique, *Nous sommes éternels*, prix Femina 1990, Pierrette Fleutiaux prolonge jusqu'aux limites de leur destin l'amour de deux personnages d'exception, frère et sœur, qui accomplissent sans le savoir vraiment, entre Europe et Amérique, le testament légué par une histoire familiale des plus complexes. L'identité de deux jeunes pris entre la culture américaine et des racines françaises est encore au centre de *Allons-nous être heureux ?*, 1994.

● Dans les deux cas pourtant, plus qu'une unité de thèmes, la force de l'écriture repose sur le tressage de points de vue et sur un rapport étroit au réel (l'habillement, le mobilier, les objets et ustensiles, les rues…) qui acquière une valeur symbolique et peu à peu révèle la part qui est la sienne dans l'accomplissement du mystère de la fiction. La pesanteur du quotidien est incessamment traquée pour mieux dévoiler l'impossibilité profonde de parvenir au bonheur. Que le ton soit doux et complaisant dans une narration à la première personne ou qu'il prenne, au contraire, l'allure du constat, de l'évidence, il trahit toujours la **prééminence d'un recul, d'un regard presque sociologique qui lit le monde pour y trouver la vérité intime des êtres.**

● Le réalisme n'est alors ni un choix esthétique ni un palliatif à l'imagination, mais plutôt le vecteur sensible d'une approche positive du monde et d'une fructueuse quête de sens.

b. Du léger accroc à la tragédie personnelle

Entre longues nouvelles et brefs romans, les nombreux ouvrages publiés, depuis 1990, par **Régine Detambel** constituent certainement un phénomène éditorial, et probablement une œuvre littéraire d'importance. On ne saurait résumer son univers à grands traits tant, d'un récit à l'autre, les différences sont nombreuses. Ainsi *Le Ventilateur*, 1995, pourrait être présenté comme une « tranche de vie » lors de laquelle, à la suite d'un accident domestique, un couple se sépare.

● Mais l'intérêt du livre repose tout entier dans la manière de suggérer l'évolution du désir et de la haine par le seul regard, extrêmement aigu, que le personnage féminin porte sur son partenaire. Observation, suggestion et progression conduisent à l'efficacité parfois choquante du détail porté au plus haut degré de signification. Le principe ou l'« intrigue » repose souvent sur un (ou une) jeune protagoniste en rupture de famille, en situation de désamour, un individu qu'un regard superficiel aurait tôt fait de rejeter comme marginal.

● En prenant pour cadre la Lorraine de 1917, la mobilisation générale, le front mouvant et menaçant, l'auteur choisit, dans *Le Vélin*, 1993, de redoubler le drame personnel rapporté par la narratrice (un petit frère né et mort le jour même où elle fête ses dix ans, une famille qui ne s'en émeut guère) par la tragédie historique. Dans *La Verrière,* 1996, l'indifférence familiale à laquelle se heurte une jeune fille d'aujourd'hui trouve écho dans le racisme ordinaire.

● La lente dérive du personnage permet excellemment de suivre la progression vers l'un de ces actes que l'opinion commune, à défaut de les comprendre, rejette sous le vocable fourre-tout de « délinquance ». « Délinquance » encore, l'acte auquel assiste le personnage du *Jardin clos,* 1994. Mais le poids insoutenable de son impuissance et de sa culpabilité le conduit ici à se retrancher dans une marginalité sauvage, au cœur même de la ville. Apparaît alors, dans toute sa cohérence, l'univers inattendu d'un square choisi pour précaire refuge. C'est que **Régine Detambel s'attache, plus qu'aux aspects du quotidien, à ses effets – souvent désastreux – sur la personnalité.** Son art du détail, son exceptionnelle maîtrise des moyens littéraires lui permettent, en peignant les tragédies personnelles les plus éprouvantes, de rendre compte, elle aussi, des ressorts cachés du monde. Retrouvant par le biais des perceptions le fil d'une logique sensuelle et affective, **ses personnages atteignent un degré de vérité qui rend caduque toute analyse psychologique.**

A. L'OULIPO

a. Les principes

Fondé en 1960 par Raymond Queneau et le mathématicien François Le Lionnais, l'Ouvroir de littérature potentielle s'est initialement donné pour objet de **mettre au point de nouvelles méthodes pour élaborer les textes.** Celles-ci reposent en bonne partie sur des systèmes de permutations et de combinaisons qui associent les ressources mathématiques à la fabrique du texte. Réécriture selon des règles précises de textes existants, répétitions avec variantes, utilisation de lettres ou de nombres clés, systèmes complexes associant nombres et modèles géométriques fournissent aux membres du groupe les **contraintes qui sont autant d'échafaudages grâce auxquels ils rédigent poèmes, contes ou récits.**

b. Le défi du roman

Si sa vocation première, plus que produire des œuvres, est expérimentale, ce laboratoire né de la volonté de l'un des romanciers les plus inventifs et les plus féconds du siècle ne pouvait manquer de voir dans le roman à la fois un horizon et un défi. La longueur du texte romanesque, les nécessités liées à l'existence de personnages consistants, d'intrigues suivies et intelligibles ne sont pas naturellement compatibles avec l'exploration, ludique ou non, de « potentialités » littéraro-mathématiques. **Raymond Queneau** (1903-1976) avait déjà eu l'occasion de préciser comment des éléments fixes et préétablis lui servaient de support et de guide dans l'ordonnancement des chapitres, leur nombre, l'apparition ou la disparition de personnages et de lieux. Dissimulé par l'intrigue et par ses multiples lectures possibles, l'**appareillage théorique servait le récit sans pour autant en interdire une lecture naïve,** « ignorante » des procédés mis en œuvre : les nombreuses règles que l'auteur s'était fixées ne constituaient pas un obstacle.

● On s'en est par la suite rendu compte de manière radicale lorsque, en 1975, à la publication de *La Disparition* de **Georges Perec** (▶ **chapitre 6**), certains critiques n'ont pas repéré la contrainte phénoménale qu'il s'était donnée, à savoir l'interdiction d'utiliser la lettre *e,* la plus fréquente en français.

B. « LA VIE MODE D'EMPLOI », ROMAN EXEMPLAIRE

10

Perec est sans aucun doute dans le domaine français celui qui a le mieux réussi à conjuguer les difficultés inhérentes aux multiples contraintes oulipiennes avec les nécessités romanesques. Il a donné avec *La Vie mode d'emploi,* prix Médicis 1978, non seulement son œuvre majeure, mais aussi le roman le plus commenté et le plus souvent cité de ce dernier quart de siècle.

a. Un roman-monstre

● La mort prématurée de l'auteur et la quantité de références, d'effets de miroir, de citations et d'architecture entrent pour beaucoup dans le succès de ce livre aux dimensions monumentales, car ils invitent à la lecture-enquête et sont prometteurs de très nombreuses découvertes. Mais la multitude des personnages et des intrigues, la bizarrerie de celles-ci et la récurrence savante des personnages, leurs croisements au sein d'un fourmillant édifice romanesque participent également au plaisir d'une lecture souvent charmée par un style à la fois précis, entraînant et amusant.

● L'originalité de l'ouvrage, outre sa dimension, tient à son principe narratif : l'évocation de la vie dans un immeuble parisien des années 60, par la visite successive de toutes ses pièces et, bien sûr, le récit des histoires singulières ou croisées de ses habitants. Autour de l'image matricielle du puzzle s'organise, en quatre-vingt-dix-neuf chapitres, une **narration à la fois suivie et entrecoupée mêlant érudition et fantaisie.**

b. La part des contraintes

Dans l'élaboration du livre elles sont immenses. Elles décident du nombre et de l'enchaînement des chapitres, mais aussi de leur contenu, puisque l'auteur s'est constitué, un peu à la manière de James Joyce pour *Ulysse,* 1922, un véritable « cahier des charges » organisant l'ordre et le roulement de quarante-deux « thèmes » (action, auteur de référence, objet, livre, aliment, machine, matière, jeu, œuvre d'art, outil...) qui doivent figurer dans chaque chapitre. Leur perpétuelle rotation, ordonnée selon une règle mathématique (le bicarré latin d'ordre 10) totalement imperceptible, provoque un foisonnement d'anecdotes et une multiplication de personnages et d'objets qui sont seuls à la hauteur d'un projet aussi ambitieux. Ici donc, l'**usage des**

contraintes enrichit la fiction et permet, au prix d'un travail colossal, l'accomplissement d'un chef-d'œuvre d'envergure.

● Mais c'est une machinerie si lourde et si complexe que de telles réussites sont forcément exceptionnelles. Si d'autres récits de Perec (*Quel petit vélo à guidon chromé,* 1966) doivent également beaucoup à l'usage des contraintes, ses romans les plus achevés, tels *Les Choses,* prix Renaudot 1965, *W ou le souvenir d'enfance,* 1972 (▶ **chapitre 6**), y sont pour l'essentiel étrangers.

C. LES AUTRES TENTATIVES

a. Lorsque la construction prime sur le récit

Poète et mathématicien, essayiste, auteur d'un monumental projet autobiographique (▶ **chapitre 6**), **Jacques Roubaud** est également un membre très actif de l'Oulipo, et, en tant que tel, a donné une suite romanesque très largement influencée par ses travaux au sein du groupe.

● *La Belle Hortense,* 1985, et sa suite *L'Enlèvement d'Hortense,* 1987, proposent sur un prétexte policier un dialogue entre l'auteur et le lecteur au long d'un parcours où abondent références, emprunts volontairement exhibés et modèles mathématiques. L'intrigue policière est entièrement construite selon un modèle formel (la sextine) emprunté à la poésie médiévale. Le contexte – la disparition d'un prince « poldève » – est directement puisé dans un roman de Queneau ; l'« enquête » est sans cesse entrecoupée de considérations sur l'art du roman, d'apostrophes au lecteur, de jeux de confusions entre auteur, narrateur et protagoniste… et l'on pourrait s'amuser à rechercher par transparence les multiples « clés » qui régissent l'univers fictionnel, dans sa structure comme dans ses composantes.

● On voit là qu'un **roman « oulipien » est un roman de la (dé)construction, de la réflexion sur les formes romanesques, et jamais une utilisation naïve ou innocente de celles-ci.** Le recours aux contraintes et aux références nous est proposé comme une alternative au roman psychologique aussi bien qu'au roman policier classique dans lesquels la causalité est interne, et il dessine finalement la voie d'une sorte d'« autobiographie intellectuelle » déguisée où les manies, les humeurs et les goûts de l'auteur (dont celui de la mystification) transparaissent avec plus d'humour qu'en aucun aveu.

b. Les risques et les limites de la contrainte

10

● En France, seul peut-être **Jacques Jouet** s'efforce courageusement de reprendre le flambeau et de **concilier le souffle du narrateur avec la méticulosité laborieuse du chercheur.** Avec *Le Directeur du musée des cadeaux des chefs d'État de l'étranger,* 1994, il donne un vaste roman-labyrinthe dont l'impossible titre est aussi le programme. Sur fond d'intrigue politico-policière et amoureuse assez subsidiaire, il se livre à une vaste exploration, sans aucun doute réglée selon des codes tacites mais extrêmement précis, de la valeur symbolique des objets, du « langage des choses muettes » dans une géographie personnelle et immobile où s'entrecroisent pays et époques, dans une multiplicité de degrés de lecture.

● Le refus du psychologique, la mise à plat des dialogues et le déficit permanent de l'intrigue principale laissent ouvertes des brèches que l'on devine soutenues par des intentions et des contraintes précises. Comme chez Perec (ou Raymond Roussel, 1877-1933, référence majeure) s'y engouffrent une délicieuse invraisemblance, une fantaisie imaginative et une variété d'anecdotes qui constituent le corps du roman. Mais le lecteur y assiste sans véritablement y participer, privé qu'il est des règles de composition comme de ses repères traditionnels. Il s'agit pour lui de reconstruire tout en se laissant guider, en une démarche de lecture active et intelligente dont, la plupart du temps, il a perdu l'habitude…

● C'est que la prééminence des questions formelles, le respect d'un cadre rigoureux préexistant, l'utilisation prioritaire et systématique de clés et de codes font peu de cas de la liberté romanesque et **se prêtent mal à l'investigation prolongée d'un univers fictionnel.**

● Du moins est-ce pourquoi un autre oulipien, **Marcel Bénabou,** a cru bon, tout en rendant hommage à Raymond Roussel, de publier un ouvrage dont le titre en forme d'aveu est aussi un constat des limites de cette entreprise : *Pourquoi je n'ai écrit aucun de mes livres,* 1986.

La tradition du groupe littéraire connaît en France une actualité extrêmement variable. Sans remonter à la Pléiade ni au romantisme, que l'on songe à la fortune d'appellations comme « surréalisme », « existentialisme » ou « nouveau roman » et l'on comprendra en quoi la tentation du regroupement peut unir des écrivains partageant, au-delà de leurs différences, une commune conception de l'écriture.

● Dans le paysage actuel pourtant, si l'on ne tient pas compte des classements par « genre » effectués pour des commodités de librairie (« écrivains voyageurs », « romans fantastiques », « polars féminins », etc.), mais seulement des appellations revendiquées par ceux qui s'y trouvent rassemblés, trois groupes seulement se laissent connaître, avec des fortunes diverses. L'Oulipo, on vient de le voir (▶ **chapitre 10**) n'a pas de vocation strictement romanesque. Le second, sous le nom d'« École de Brive » (▶ **chapitre 15**), plutôt qu'une « école » illustrant une esthétique particulière, est surtout l'émanation d'une maison d'édition. Seule la « Nouvelle Fiction » présente dans la démarche de tous ses membres une cohérence véritable et explore de façon méthodique les territoires du romanesque. Mais, **rencontre de romanciers accomplis, elle n'a rien d'un projet expérimental.**

A. DES PRINCIPES NETTEMENT DÉFINIS

a. Une histoire bien ficelée

Il faut se méfier de l'adjectif que le groupe s'est choisi, puisque, à l'opposé exact du « nouveau roman », il prône un retour aux formes et aux moyens traditionnels de la narration. Importance primordiale de l'intrigue, multiplication des anecdotes et des rebondissements, suspense, personnages complexes et nombreux, contexte historique extrêmement soigné font partie de la panoplie. Ces romanciers nous offrent alors des **romans d'aventures au sens le plus classique** et se réclament de Cervantès, Defoe ou Stevenson. Mais, évitant la simple reproduction des modèles anciens, ils en renouvellent la recette en usant de procédés et de subterfuges multiples et superposés.

11

b. L'imaginaire et l'érudition

A travers le terme de « fiction », hommage à l'Argentin Borges, il faut deviner une invitation à se laisser prendre dans les filets de l'imaginaire. L'exploration des possibles, avec l'aide mais aussi en dépit de ce qui s'est effectivement passé, conduit ces romanciers à **jouer avec l'Histoire** pour mieux nouer les fils de leurs histoires. L'érudition est l'une de leurs caractéristiques communes, mais surtout leur façon d'en jouer en la truquant sans cesse et mélangeant ainsi des « effets de réel » à des fables personnelles. Et si la vraisemblance est un souci constant, elle peut néanmoins les conduire à des plongées dans le fantastique, le mythique ou l'ésotérisme.

c. La parodie et le détournement des faits réels

● En une manière que l'on pourrait dire « postmoderne », leurs récits ont en commun un **goût prononcé pour les détournements, parodies, collages, énigmes, emboîtements, mélange des genres et des tons** qui les conduisent sans rupture ni contradiction du sérieux au burlesque ou du pseudo-scientifique à l'épopée.

● Ce qui les différencie demeure toutefois essentiel, puisque chacun d'eux confectionne son alchimie romanesque à partir d'une matière propre à sa culture et à sa sensibilité : le terrain de prédilection de l'un est germanique, tandis que l'autre plonge volontiers dans la symbolique franc-maçonne ; tel autre use du fond celtique, alors que la Chine paraît sans secret pour un quatrième. La couleur mais aussi la matière même de leurs romans sont donc clairement distinctes. Et c'est pourquoi on ne saura en donner ici qu'un aperçu, limité à quelques auteurs choisis pour leur diversité.

B. LES AUTRES POSSIBLES DU MONDE

a. Frédérick Tristan

● Il est l'aîné et l'un des plus prolixes d'entre eux. Outre un goût prononcé pour les hétéronymes et glissements d'identité, il faut lui reconnaître un penchant pour la **transformation des légendes**, qu'elles soient d'origine chinoise ou germanique, contemporaine ou médiévale, et une **propension marquée pour l'ésotérisme**.

● Ses romans brassent généralement un matériau historique considérable servi par un travail particulier sur l'adaptation du style et de la personnalité du narrateur à l'époque ou au milieu choisis. Sur cette base, l'aventure peut alors se dérouler selon une **multitude de mystifications** qui concernent aussi bien la qualité prétendument réelle des protagonistes que celle des situations historiques ou des documents invoqués.

● La forme de l'enquête érudite (*Énigme au Vatican,* 1995) ou celle du roman d'apprentissage (*L'Atelier des rêves perdus,* 1991, *Les Tribulations héroïques de Balthasar Kober,* 1980) four-nissent un cadre au sein duquel les débordements imaginaires sont rendus crédibles. Ainsi ce dernier ouvrage nous fait-il parcourir l'Europe de la Renaissance sur les pas d'un jeune compagnon initié malgré lui aux rites des sociétés secrètes. Avec *Les Égarés,* prix Goncourt 1983, c'est la tragédie tout entière du XXe siècle européen qui est retracée à travers le destin mythique d'un intellectuel diabolique qui s'adjoint le talent d'un obscur écrivain afin d'obtenir le prix Nobel. Mais, au long de la fable, les silhouettes réunies d'Albert Schweitzer, d'André Malraux, de Charles Lindbergh et de bien d'autres viennent donner leur puissance à celle du personnage de fiction et lui confèrent une valeur allégorique.

● En une quinzaine de romans, auxquels s'ajoutent des essais, une œuvre cohérente s'est ainsi constituée depuis 1959 où per-sonnages récurrents et fantasmes permanents se trouvent soute-nus d'une époque à l'autre et d'un bout à l'autre de la planète par une **véritable dimension épique.**

b. Marc Petit

● Chez ce germaniste, l'érudition est prétexte autant que matière première nécessaire aux rebondissements de l'imagination. Et c'est en truqueur qu'il s'attaque aux aspects les plus habituels du roman historique. Si celui-ci a pour ressort de prêter des paroles inventées à des êtres ayant existé, Petit fait l'inverse lorsqu'il recompose (*Quroboros,* 1989) l'existence des poètes baroques allemands à partir de leurs écrits. C'est en truqueur également qu'il revisite le mythe de Faust (*Le Troisième Faust,* 1994), donnant au diable l'occasion de s'expliquer directement avec Goethe ou encore celui du Golem en le déplaçant dans le XIXe européen des fabricants d'automates (*Le Nain géant,* 1993).

● Les emprunts aux formes du roman-feuilleton, à celles du

roman gothique, du roman historique, de l'apologue chinois ou de l'ouvrage d'érudit sont pour lui **autant de moyens de piéger la prétendue « vérité » des discours figés.** Il leur en substitue une autre qui n'est pas plus fausse. Et comme F. Tristan, lorsqu'il lui arrive de rédiger son autobiographie (*Architecte des glaces,* 1991), c'est d'un autre lui-même, rêvé dans un autre monde, qu'il nous conte la vie.

● C'est que la fiction n'a que faire du réel tel qu'il se manifeste : le continent des possibles est non seulement beaucoup plus riche mais surtout, pour Petit, comme pour Tristan, incontestablement plus vrai. Et le romancier dès lors possède le droit de falsifier les données de l'Histoire comme les codes de la littérature.

C. L'AVENTURE DANS TOUS SES ÉTATS

a. Georges-Olivier Chateaureynaud

On comprend que le genre fantastique soit l'une des cartes possibles de cette esthétique. On le trouve exploité notamment par G.-O. Chateaureynaud, bien que l'ensemble de ses ouvrages ne puisse être contenu dans cette appellation. S'il est en effet connu comme un actif artisan du retour en grâce de la nouvelle, genre auquel il consacre la majeure partie de ses publications, ses romans sont autant d'**incursions dans des exercices aux limites de la perception.**

● Le protagoniste de *Mathieu Chain,* 1978, romancier, se trouve confronté à l'un de ses livres, qu'il n'a pas écrit. Et le troubadour amoureux du temps des croisades (*Le Château de verre,* 1994), précisément inspiré d'une figure réelle, découvre, lui, dans son impossible amour pour une femme du bout du monde, la beauté de l'irréel promis et offert par son art. Tous deux sont à la recherche d'une **image d'eux-mêmes qui tient à la vérité de ce qu'ils inventent, à l'existence de ce qu'ils rêvent.**

● Plutôt qu'en un ailleurs illusoire, ces personnages savent le trouver en eux-mêmes et n'ont pas toujours besoin pour cela de dépasser les frontières de leur quotidien, ni l'auteur celles de son époque. *La Faculté des songes,* prix Renaudot 1982, montre l'aptitude de trois « paumés » complémentaires à retrouver dans la continuité des jours le fil de leurs rêves et les raisons de leurs déchirures. Aussi le fantastique n'est-il pas nécessaire en lui-même, comme procédé ni comme genre. Il se révèle n'être après

tout qu'un moyen, à la fois désabusé et merveilleux, de suppor-
ter la condition humaine.

b. Hubert Haddad

● Discret mais prolixe auteur de poèmes, nouvelles, essais et
romans, il poursuit également un questionnement sur les
sources de l'acte créateur. Dans une prose habitée, lyrique, il sait
recréer les **circonstances qui président à l'accomplissement de
mythes essentiels.** Ce sont des combats titanesques où l'inceste
et le cannibalisme ramènent l'homme à la violence de ses ins-
tincts primordiaux (*La Cène,* 1975, *Armelle ou l'éternel retour,*
1989).

● Ses personnages, qu'ils soient ou non ancrés dans une actualité
précise, succombent aux vertiges de l'abstrait et aux tentations
qui leur proviennent de perceptions hors des limites du réel
ordinaire : le journaliste d'*Oholiba des songes,* 1989, perd ainsi le
droit-fil de sa vie lorsqu'il se trouve confronté à une histoire
dont « l'argument contemporain cache une allégorie cabalis-
tique transposée du mythe d'Orphée et toute surfilée de paraboles hassidiques ». Cette définition pourrait s'appliquer à ses
autres romans, travaillés par la force des légendes et par la
violence pas toujours souterraine des situations.

● Même s'il prend parfois des allures ludiques, comme dans
Meurtre sur l'île des marins fidèles, 1994, explicitement démarqué de Stevenson, **son univers reste traversé par les jeux
troubles de l'illusion et du réel, et habillé par un dense climat
de terreur et d'angoisse.**

c. Et bien d'autres

● Plus sages peut-être, toujours érudits et encore truffés de
pièges et de faux-semblants, les romans de **François Coupry,**
de **Jean Lévi** ou de **Patrick Carré,** pour ne citer que certains
des plus « anciens » auteurs de la « Nouvelle Fiction », illustrent
encore cette volonté d'accorder le plus vaste espace de liberté
aux élans d'un imaginaire nourri d'une curiosité jubilatoire
pour les légendes exotiques ou non, les paraboles savantes et les
mythes fondateurs. On trouvera leur démarche expliquée et
illustrée dans l'ouvrage de Jean-Luc Moreau *La Nouvelle
Fiction,* Criterion, 1992.

Souvent tentés par le cinéma, qu'ils pratiquent parfois en scénaristes, les « raconteurs d'histoires » dont il s'agit ici forment une famille nombreuse que l'on ne pourra réunir en totalité dans ces quelques pages. Ils pratiquent une littérature populaire au sens où elle est à la portée de tous, sans complication ni dans la forme ni dans la langue.

● **Chez eux, l'exotisme, l'aventure, l'humour se combinent pour donner des récits attrayants,** puisés dans la mémoire des générations passées, l'attirance pour des ailleurs bien répertoriés et pour des personnages aux contours psychologiques toujours nettement dessinés. Un cadre chronologique et géographique précis, souvent issu d'une recherche documentaire, des dialogues nombreux dont les parlers paraissent « pris sur le vif », des détails permettant de rendre plus visibles les scènes, les cadres et les contextes : tous les ingrédients sont ici réunis pour le bonheur simple de la lecture.

● **C'est dire qu'on est là dans la très nombreuse descendance du roman du XIXᵉ siècle** féru de vraisemblance factuelle et psychologique, et néanmoins capable de tolérer les fantaisies nées de l'imagination. Sans doute est-ce pourquoi on trouve là la littérature préférée des grands jurys littéraires, notamment de l'académie Goncourt, attachée par ses origines à la **tradition naturaliste.**

A. LA TRUCULENCE ET LA FANTAISIE

a. Les contes facétieux d'Orsenna

Après plusieurs romans d'allure et de dimension habituelles, **Erik Orsenna** donne avec son *Exposition coloniale,* prix Goncourt 1988, l'une de ces « grosses machines » romanesques dans lesquelles on s'embarque pour un long voyage en lecture. L'ouvrage propose la vaste épopée du caoutchouc retracée sur les pas d'un timide ingénieur lent à s'affranchir d'une grand-mère trop bienveillante. Il fait ainsi voyager de l'Angleterre, où le héros enseigne le positivisme naissant à des diplomates éberlués, au Brésil où, malgré lui, il invente le football, à Clermont-Ferrand et sur les circuits automobiles du monde entier où il exerce l'originale profession de « pneumatologue », c'est-à-dire spécialiste du pneumatique.

● **Un destin personnel chaotique dans un contexte historique propre à éveiller toutes les curiosités**, des amours extravagantes, de multiples personnages et des situations farfelues, le tout narré avec d'innombrables astuces de style comme de construction, des références littéraires (Nabokov, Proust, Buzzatti...) **et l'art de ne pas se prendre au sérieux** : on approche de la composition rêvée pour un roman-fleuve sympathique et offert à tous les goûts, ce que la critique aussitôt nomme un « chef-d'œuvre ».

● Mais parce que rien ne passionne plus le public français que les coulisses du pouvoir et que l'auteur partage cette curiosité, il connaît un succès plus considérable encore en 1993 avec *Grand Amour,* qui brocarde, mais dans l'admiration, le monarchisme mitterrandien, ses discours, ses entêtements, la cour élyséenne dans ses bizarreries et ses mesquineries. L'impressionnante production livresque suscitée pendant quatorze ans par la personnalité du président a trouvé avec cet ouvrage-là sa meilleure version romanesque.

b. La gouaille de Combescot

Parce qu'il possède un souffle épique et une curiosité maladive pour les bizarreries de l'Histoire, les êtres impossibles et leurs histoires rebondissant d'une génération à l'autre, **Pierre Combescot** est, lui aussi, un amateur de romans touffus, roboratifs, complets et détonnants.

● Il connaît un succès reconduit depuis *Les Funérailles de la sardine,* prix Médicis 1986, et surtout les *Filles du Calvaire,* prix Goncourt 1991. C'est un roman d'impossible filiation, de tradition séfarade et de secret féminin, qui suit trois générations d'admirables femmes fatales depuis le port de la Goulette, dans le Tunis de l'avant-guerre, jusqu'à un bistrot du boulevard parisien évoqué dans le titre. Charme mystérieux transmis d'une génération à l'autre, goût de la revanche et de l'affirmation de soi malgré une origine familiale incertaine : les femmes de Combescot tracent leur chemin au mépris des conventions et des frontières de classe. Autour d'elles se retrouvent, affectueusement et criminellement, enfants secrets, prostituées et politiciens véreux, gitons, maquereaux, demi-mondaines, artistes de cirque, piliers de bistrot et maîtres chanteurs avec une prédilection particulière pour le peuple des Boulevards dont les parlures et la bonhomie farouche sont reproduites avec une étonnante verdeur.

● A travers le labyrinthe des périodes sombres de l'histoire récente – l'occupation allemande fournissant son contingent de compromissions, traîtrises et héroïsmes –, ce petit monde se trouve uni en même temps que déchiré par les secrets les plus insoupçonnables. Si bien que ce roman aux portes multiples et au rythme vivifiant dresse à sa manière un **relevé des lignes de faille qui parcourent la société française des années d'après-guerre.**

● Quoique plus touffu, *La Sainte Famille*, 1996, continue d'exploiter les possibilités romanesques offertes par l'hérédité et donne à Thérèse de Lisieux une descendance d'assassins et de matadors au long de laquelle l'existence, entre autres, d'un portefeuille en peau humaine suffit à occuper une généalogie complète de mystères, de crimes et d'excès en tout genre.

B. LE RENOUVELLEMENT PERMANENT

a. Le siècle tourmenté de Didier Decoin

On retrouve chez **Didier Decoin** la fascination pour les lourdes filiations de femmes d'exception. Avec *Les Trois Vies de Babe Ozouf,* 1983, la figure trois fois répétée de la naufrageuse sert de motif central à une traversée du premier demi-siècle sous l'éclairage de la solitude et du don de soi. Le feu criminel et le feu passionnel se rejoignent dans l'imagination lyrique de l'auteur, qui donne à voir la continuité des générations et l'irrémédiable répétition de leurs actes.

● Mais l'auteur aime scruter les multiples visages du XXᵉ siècle. S'il fut un temps fasciné par la New York triomphante (*Abraham de Brooklyn,* 1971) puis décadente (*John l'enfer,* prix Goncourt 1977), son univers géographique s'est par la suite étendu aux autres continents. *L'Enfant de la mer de Chine,* 1987 conte, par exemple, la violence de l'offensive japonaise de 1942 à travers le martyre d'une jeune fille perdue, à la suite de la mort de son père dans le bombardement de Pearl Harbor. *La Femme de chambre du Titanic,* 1991, est le rêve d'un docker qui, fasciné par une femme qu'il ne reverra plus, ne cesse de transformer et d'embellir le récit d'une nuit passée avec elle lors de l'inauguration du fameux paquebot.

● Souffrances, oubli, déchirure, à tous ces personnages il manque quelque chose qui ordonne leur existence et conduit leur destin. Ils en recomposent les images, les odeurs, en revivent les émotions. C'est dire qu'à travers ses nombreuses créatures romanesques, plus volontiers simples et sensibles qu'érudites ou lettrées, Decoin compose en facettes multiples le visage du romancier successivement curieux, sensible, lyrique ou précis, mais toujours prêt à suivre les invitations de son imagination.

b. Les gais mensonges de Klotz/Cauvin

● La bonne humeur, la tendresse, la simplicité et un penchant marqué pour les histoires extraordinaires de l'enfance sont les ingrédients de base à partir desquels **Claude Klotz** a développé son œuvre depuis 1978 en plusieurs familles de romans.

● « Quitter Bezons et découvrir le Pérou » serait le thème central de ceux qu'il a écrits sous le pseudonyme de **Patrick Cauvin**. On le trouve littéralement dans *C'était le Pérou*, 1984, à propos du couple d'amis formé par un professeur et son élève. Mais *Monsieur Papa*, 1982, imaginait déjà les incroyables facéties d'un jeune garçon prêt à tout pour convaincre son père de l'emmener à Bangkok. Le best-seller *E = mc², mon amour*, 1983, présentait pour sa part un touchant couple d'enfants surdoués qui, s'évadant de la banlieue parisienne, allait vivre clandestinement à Venise une passion assumée.

● Tous ces récits partagent une **approche riante des difficultés de l'enfance et de ses rapports au monde adulte.** Sans rien simplifier ni résoudre, Klotz les imagine en une langue très proche du « terrain », un style direct où abondent les effets de réel, et à l'aide d'une trame qui laisse une porte ouverte sur le rêve. Mais la complexité de l'auteur apparaît davantage quand on le sait capable d'aborder, outre ces histoires charmantes et drôles, l'utilisation des détenus d'un camp nazi à des fins de propagande hitlérienne (*Nous allions vers les beaux jours*, 1981) ou la confusion dangereuse du mythe et du réel dans l'étrange histoire d'amour arrivée à un chanteur d'opéra (*Werther, ce soir*, 1988). La fiction, c'est la réalité multiple découverte grâce aux infinies possibilités du mensonge, à l'image de ce *Menteur*, 1993 qui **vit intérieurement ses extravagances sans pour autant faire dévier la banalité de ses jours.** L'œuvre multiple de Klotz, à cet égard, offre un vaste et souriant échantillon de cet infini possible.

12

c. L'humanité de Patrick Besson

● L'humanité dans ses faiblesses, ses mesquineries, voire ses monstruosités, mais aussi ses touchants accès de bonté et ses moments de grandeur, habite les romans de **Patrick Besson.** Très différente d'un ouvrage à l'autre, l'intrigue repose sur une **opposition forte entre des personnages qui s'attirent malgré eux alors que tout dans leur attitude ou leur personnalité devrait les séparer.** De ce fait, ses ouvrages multiplient les peintures de caractères forts, les scènes de tension et de cassures, alors qu'une narration amusée, astucieuse, pleine de clins d'œil et de traits d'esprit dédramatisants, égaie le récit en lui faisant éviter la lourdeur du drame psychologique.

● *Julius et Isaac,* 1992, met aux prises deux juifs communistes presque semblables, rivaux éternels, au temps du maccarthysme. L'intrigue est résumée par leurs incessantes et virulentes querelles derrière lesquelles pèse le poids du couple mythique de l'Amérique contemporaine, « winner » contre « looser ». Les dialogues sont vifs et drôles, les situations scabreuses, qui illustrent un cynisme et une soif d'arriver compatibles avec les pires lâchetés.

● Avec *Les Braban,* 1995, Besson rapporte très drôlement les mésaventures d'une famille de banlieue en laquelle se croisent des figures extrêmes de l'échec et de la réussite sous le regard presque indifférent mais très vif d'un narrateur au sexe indéterminé. Un fils fou dangereux en prison, une fille liée à un petit garçon de neuf ans puis à un repris de justice qui l'entraîne dans une déchéance dont aucune étape n'est oubliée. Dans l'excès, l'amoralité, la bizarrerie des comportements, l'auteur donne à voir une peinture de l'humanité d'aujourd'hui chahutée de manière quasi masochiste entre le luxe et le crime, la folie et l'amour de la beauté, les soirées mondaines et les séjours en prison. L'homme n'y est pas montré sous son jour le plus flatteur, mais sans doute est-ce ce qui en rend la peinture tellement vraisemblable.

Inclassables parce que trop spécifiques, certaines démarches romanesques parmi les plus intéressantes creusent en profondeur un sillon qui n'appartient qu'à l'auteur. Qu'il renvoie à quelques données biographiques ou qu'il porte une voix singulière, le chemin tracé possède sa couleur et son esthétique propres, qui n'autorisent pas la comparaison mais se laissent appréhender par un ton reconnaissable.

A. FRESQUES SOMBRES, DESTINS TRAGIQUES

a. L'incertaine géographie d'Agota Kristof

La couleur très particulière des romans d'**Agota Kristof**, d'origine hongroise, est faite d'une **exploration douloureuse et incertaine de souvenirs obscurcis par un enchaînement de tragédies personnelles.** A travers les individus dont elle essaie de recomposer le cheminement, la déchirure qui apparaît vive et dévastatrice est, autant que celle des êtres et de leur famille, celle d'une Europe coupée en deux depuis l'après-guerre et celle d'une Hongrie où, en 1956, une éphémère promesse de liberté a été abolie dans le sang et la terreur.

● Sa trilogie (*Le Grand Cahier,* 1985, *La Preuve,* 1988, *Le Troisième Mensonge,* 1991) repose sur l'histoire déchirée d'un couple de jumeaux hongrois dont l'un, Klaus, parvient par le sacrifice de son père à passer « de l'autre côté », tandis que son frère Lucas reste en Hongrie. Les deux premiers volumes sont essentiellement centrés sur la vie de Lucas, alors que le troisième évoque le retour au pays de Klaus, à la recherche de son frère et de son passé.

● La force de ces livres réside essentiellement dans l'adoption d'un **ton froid, coupant et décharné** d'où toute sensualité, toute subjectivité paraissent avoir été étouffées par le poids insoutenable de la douleur, de la tristesse, de l'abandon et de la solitude. Il n'est pas jusqu'à la réalité des faits, jusqu'à l'identité des jumeaux eux-mêmes qui ne soient mises en cause entre le premier et le troisième volume, alors que la découverte d'un effroyable secret de famille creuse encore davantage le lit de la fatalité.

13

● Mais l'absence de moyens pour fonder une certitude, la possibilité d'inversions permanentes, de manipulations, d'omissions travaillent en sourdine ce récit façonné dans l'angoisse. **Rarement destinée politique et tragédie familiale se sont rejointes avec une telle force** que dans cette suite, dont le prolongement, *Hier,* 1995, évoque la fausse liberté et la vraie exploitation de ceux qui, comme Klaus, ont cru se sauver en traversant le rideau de fer.

● Traduite en plus de vingt langues, cette écriture d'urgence et de cri est peut-être l'une des plus étonnantes qu'ait produites cette période. Il n'est pas indifférent qu'elle soit le fait d'un écrivain dont le français n'est pas la langue maternelle.

b. Combats d'apocalypse, causes incertaines

● Sans être véritablement de la science-fiction, malgré la collection spécialisée qui abrita ses premiers livres et l'incertitude qui pèse sur la proximité des temps où se situe l'action, l'univers cohérent des romans d'**Antoine Volodine** participe d'une étrangeté radicale. Depuis 1985, avec la *Biographie de Jorian Murgrave* jusqu'aux récents *Le Port intérieur,* 1996, et *Nuit blanche en Balkhyrie,* 1997, il poursuit le même cauchemar et multiplie les détours au sein d'un monde fictionnel d'une curieuse densité. Si les noms propres parfois laissent croire à un réel repérable (Lisbonne, Macau…), les décors et les situations entraînent néanmoins dans un excès qui est le lieu propre de la fiction.

● Des personnages à l'identité vacillante, guerriers, militants de causes mal déterminées, terroristes, errent au milieu de décombres, sur des champs de bataille balayés de poussière et de relents fétides, jonchés de cadavres sanglants. Ils sont capturés, torturés, s'échappent et reprennent leur quête d'un idéal amoureux et politique à la fois, figuré par un parti ou par une femme dont on ne sait pas toujours si ils existent ou s'ils sont un mirage destiné à leur faire reprendre le combat.

● **Le principe d'incertitude est érigé en règle prioritaire :** où sommes-nous ? qui parle ? qui agit ? pour quelle cause et dans quel but ? sont autant de questions déplacées dans la mesure où la lourdeur de l'atmosphère et la gravité des enjeux (il s'agit de guerre, et de guerre terrible) l'emportent sur la nécessité d'une intrigue. Mais en même temps, ces livres nous parlent des horreurs d'un siècle que l'on ne connaît que trop bien : les révolutions, les idéologies du massacre, les charniers, la clandestinité…

Si effrayant et abstrait qu'il soit, le monde de Volodine est encore une transposition du nôtre, lequel, en retour, nous apparaît d'une noirceur extrême.

B. FRAÎCHEUR, VERVE ET VOYAGE

a. Un voyage sur l'océan du langage

Les surprenants romans de **Richard Jorif** quadrillent un univers d'autant plus inhabituel qu'il s'agit, avant toute référence au réel, du territoire des mots.

● Ses trois principaux ouvrages (*Le Navire Argo,* 1987, *Le Burelain,* 1989, *Tohu-Bohu,* 1998) composent la trilogie de Frédéric Mops, argonaute des temps actuels, qui, pour avoir été séquestré durant son enfance, a appris le français dans la vieille édition de Rabelais qui lui tenait compagnie et se lance par la suite dans une biographie d'Émile Littré tirée des exemples (autobiographiques ?) de son dictionnaire.

● Le propos n'est pas seulement original : il fait du culte et de la célébration de la langue française le premier objectif du roman. L'écriture, bien entendu, multiplie les hommages et les découvertes par l'usage d'une langue aussi rare et aussi exacte qu'elle est inattendue. Ce fort parti pris sert un récit d'apprentissage (la vie dans une famille adoptive, l'adolescence, Mai 68…), une fresque du monde contemporain (la vie de bureau, la paternité) et un gigantesque voyage symbolique et métaphorique qui fait résonner dans le monde d'aujourd'hui les échos du *Quart Livre* rabelaisien.

● Cette œuvre entre toutes singulière est remarquable de fraîcheur et de bonne humeur et constitue un **exemple réussi d'alliance entre l'extrême exigence formelle et stylistique et l'érudition mise au service d'une sympathique fantaisie.** Loin de convier à une *Clownerie* (titre d'un ouvrage de 1988), Jorif tire parti de l'humour, de ses innombrables lectures et des ressources de son imagination pour dérouler une histoire d'aujourd'hui qui figure sans indignité dans le prolongement de son illustre modèle de la Renaissance.

b. L'épopée joyeuse de Paula Jacques

● Le monde de **Paula Jacques** est plus calme, souriant et imprégné d'une intense joie de vivre. C'est celui du Caire et plus précisément de sa communauté juive, ou de ce qu'il en reste après

13

la menace que fait peser en 1947 la création d'Israël sur les juifs habitant le monde arabe.

● Le décor planté, les intrigues se multiplient en prenant toujours pour point de départ un événement privé autour duquel s'agite, parle, vit ou survit une foule de petits personnages hauts en couleur. Dans une jovialité et une truculence très orientales, les parlers, les caractères, les mœurs de la communauté sont recomposés avec une verve et un sens aigu du récit. *L'Héritage de tante Carlotta,* 1987, conduit la narratrice, Parisienne célibataire d'aujourd'hui – très diserte sur les singularités d'une telle situation, surtout lorsqu'elle est vécue sous le regard d'une théorie de vieilles tantes aussi bruyantes qu'émouvantes – à retourner au Caire pour y organiser des funérailles. Mais son voyage, doublé d'une étonnante histoire d'amour, est surtout l'occasion de faire revivre les pensionnaires abandonnés d'une maison de retraite juive, à qui elle offre une fête éclatante, version cairote du célèbre *Festin de Babette.*

● *Deborah et les Anges dissipés,* prix Femina 1991, trouve un prétexte encore plus débridé puisqu'il s'agit, pour les membres mâles d'une respectable association philanthropique, de camoufler leurs malversations en transformant provisoirement en orphelinat le bordel où ils ont leurs habitudes. Les scènes les plus piquantes, transcendées par un constant humour verbal ou de situation, les portraits les plus contrastés, rehaussés par une débordante tendresse, font de ces lectures de grands moments de joie, au plus loin de la nostalgie que pourrait engendrer l'évocation d'un passé révolu. On retrouve encore cette force vive de l'imagination dans *La Descente au paradis,* 1995, qui évoque l'humiliation d'un financier juif ruiné et abandonné, expulsé de son village par la tenue d'une conférence politique décisive (nous sommes en 1943).

c. La couleur du conte oriental

● Le plus célèbre auteur marocain d'expression française, **Tahar ben Jelloun,** appartient bel et bien au panorama littéraire français. Il a vu son travail récompensé par le prix Goncourt en 1987, mais son premier roman, *Harrouda,* date de 1973. Depuis cette date, ce sociologue de formation a consacré de nombreux récits à la misère affective, sexuelle et culturelle des immigrés. Plus récemment, avec *Les Raisins de la galère,* 1996, il s'est intéressé au sort de la jeunesse française issue de l'immigration, décrite comme une « génération de l'oubli ».

● Mais il connaît surtout la réussite depuis qu'il a fondu en une démarche commune ses talents de romancier et de poète : dans la suite *La Nuit sacrée,* 1985, et *L'Enfant de sable,* 1987, **il restitue dans sa forme et dans son mouvement la parole des conteurs de la place publique.** Avec cette terrible histoire de femme marocaine obligée par son père à se travestir dès sa naissance en homme, il a trouvé le moyen de rassembler les thèmes qui parcourent la totalité de son œuvre : l'intolérance, la condition et l'identité féminines, la force des interdits dans la société marocaine, le poids porté par le discours paternel et par le regard des autres sur l'accomplissement personnel.

● L'originalité de ses romans repose en outre sur le choix d'un cadre formel très souple. Gardant à l'esprit la vivacité, les hésitations, la tendance au merveilleux propres au conte, le romancier construit ses récits sur une ligne mouvante, **fait entendre des voix plurielles et contradictoires, parfois intérieures, parfois collectives.** Le tressage de cette polyphonie, outre un charme propre, finit par produire un autre discours, intime. Si bien que l'« interdit » qui pèse si lourdement sur ses personnages parvient subtilement jusqu'au lecteur dans les failles de ces échanges, de ces « inter-dits ».

Dans les années 80 et 90, un type nouveau de fantastique tend à se constituer, loin des conventions et des modèles classiques. Pas de revenants ni d'ectoplasmes : le roman fantastique ne se distingue pas, de prime abord, des autres romans. Prenant appui sur une peinture très précise de la vie quotidienne ordinaire, il s'inspire de l'actualité, des découvertes scientifiques et de leurs possibles prolongements ou encore d'une connaissance approfondie de mécanismes psychiques comme ceux de la dépression.

A. L'HORREUR AU TOURNANT DU QUOTIDIEN

Le propre de ces romans est d'**ancrer le récit dans une réalité minutieusement rendue,** jusque dans ses détails les plus ordinaires. Si bien qu'au moment où, à la suite d'un micro-événement survenant aux personnages, le fil tranquille de leurs jours s'interrompt, leur aventure n'en paraît que plus vraisemblable. La force attractive du récit tient à une identification rendue facile par l'adhésion étroite au réel.

a. Engloutissements terrifiants

Le Lyonnais **René Beletto**, auteur d'épais romans propices à l'adaptation cinématographique, aime fouiller avec méticulosité l'intériorité de protagonistes à tendance souvent schizophrène. Dans *L'Enfer,* 1986, c'est parce qu'il est au bord du suicide que le narrateur, répondant à une erreur téléphonique, se rend au rendez-vous fixé à un autre que lui. Il se trouve alors au début d'une piste crapuleuse – et, pour finir, horrible – qu'il décide, faute d'occupation pendant un mois d'août torride, de suivre jusqu'au bout.

● A mi-chemin du roman policier et du récit d'angoisse, ce « thriller » fidèle aux lois du genre (rythme, rebondissements, progression dramatique et final ébouriffant), offre à la fois une peinture de la vacuité des jours, de la dérive psychologique et en tire parti pour mettre le protagoniste dans une situation face à laquelle, n'ayant rien à perdre, il franchit toutes sortes de limites.

● Avec *La Machine,* 1990, l'auteur reprend le principe d'un échange des corps entre un malade mental, dangereux assassin, et son médecin jouant à l'apprenti sorcier. Mais l'intrigue implique à un tel point la vie privée de ce dernier et pénètre si précisément l'esprit du psychopathe qu'elle nous conduit, à travers meurtres et poursuites, à mettre en doute l'idée même de santé mentale. L'adhésion du lecteur est en outre entretenue par le permanent souci du détail et de la causalité grâce auxquels cette histoire si invraisemblable paraît pourtant concerner notre propre voisin.

b. Sous l'ordinaire, le gouffre

La démarche d'**Emmanuel Carrère** est assez voisine, car ses rapides romans exploitent eux aussi le parti dramatique d'un **détail ordinaire qui soudain révèle une dimension cachée de l'existence.**

● L'investigation psychologique prend une importance majeure : la plongée dans la terreur se fait le plus souvent sous le regard et à cause des réactions des autres. La subite dérive du protagoniste, d'abord assimilable à une perturbation psychique, prend progressivement une telle ampleur et une telle gravité que l'ordre même des choses, la notion de normalité, en sont sévèrement perturbés.

● Dans le très remarqué *La Moustache*, 1986, le protagoniste est renvoyé d'un seul coup au plus profond du doute, de la solitude et de l'angoisse parce que personne autour de lui ne se rend compte qu'il s'est coupé la moustache. Est-ce une farce qu'on lui joue ? Mais pourquoi les preuves – photographiques – qu'il était moustachu disparaissent-elles ? N'est-ce pas plutôt qu'il vient de basculer dans une folie aux profondeurs terrifiantes ? Dans *La Classe de neige,* prix Femina 1995, la dureté du récit s'accroît du fait que le personnage est un enfant de dix ans attendant avec angoisse que son père vienne le chercher, alors qu'autour de lui il est question de rapts, de trafics d'organes et autres meurtres. La montée en puissance de la terreur se trouve accélérée par la sensibilité et l'imagination de l'enfant, la proximité grandissante de sa mort et une vision déformée de sa propre situation.

● Comme il se doit dans un récit fantastique, **le lecteur assiste à la disparition progressive de tous les repères réels,** voit le personnage céder à un « lent et raisonné dérèglement de tous les sens » et se trouve en même temps privé de la moindre invraisemblance qui, signalant la fiction, serait de nature à le rassurer. Enfin, le roman se clôt sur une scène d'horreur attendue et redoutée, brève et méticuleuse, qui contribue à laisser un souvenir aussi fort que sulfureux.

14

B. SOULÈVEMENT DU VOILE

a. Fantômes de province

Au contraire des deux auteurs précédents, le fantastique ne fait pas irruption de manière brutale ni tragique dans les récits de **Marie Ndiaye**. Il s'impose comme un prolongement inévitable d'une approche hyperréaliste, comme la conséquence presque naturelle d'un regard appuyé sur le réel. Si bien que l'on ne saurait limiter à cette seule dimension l'œuvre qui ne cesse de se développer au moyen de courts récits publiés tous les deux ans depuis 1985.

● Marie Ndiaye choisit des êtres simples, dans de très ordinaires villes de province repérées avec précision. Si bien que l'on est à peine étonné d'apprendre, dans le même temps et sur le même ton, la marque des pâtes qu'ils font cuire pour leur dîner et l'existence de leurs dons extralucides ou la transformation de leur femme en fantôme. *Un temps de saison*, 1994, raconte la vie d'une petite station balnéaire sitôt finie la saison touristique et décèle derrière ses façades suintant l'habitude, l'ennui et le commérage, l'existence d'une autre organisation sociale, d'une autre perception du temps, d'une autre dimension de la vie : c'est *Le Château* de Kafka tout à coup apparu sous les brumes de la côte normande.

● *La Sorcière,* 1996, promène pareillement un regard sur la vie quotidienne d'une famille de la classe moyenne banlieusarde, l'indifférence des parents vis-à-vis de leurs enfants, les couples qui s'ennuient et se séparent… et l'on pourrait croire à une peinture réaliste, n'étaient le titre du livre et, partant, les qualités très particulières de certains personnages.

● Il n'y a pas pour autant de bouleversement, et c'est là le point fort. Une narration neutre, toujours attachée à la précision des faits, des objets, des décors, fait du fantastique **non pas un envers du réel mais bien l'un de ses possibles prolongements.** A force d'ancrage dans le quotidien le plus ordinaire, il finit même par passer pour vraisemblable, voire probable. L'effet n'en est que plus troublant.

b. Fureurs et mystères sylvestres

En peu de livres, **Sylvie Germain** a su construire un **univers cohérent, parcouru d'une grande violence et encadré d'un solide appareil symbolique.** Le principe du fantastique, lorsqu'elle y a recours, n'est chez elle que secondaire et n'apparaît que parmi d'autres composantes au fil de situations développées en profondeur.

● Le cadre qu'elle affectionne par-dessus tout est celui des épaisses forêts des Ardennes, du Berry ou du Morvan, dans lesquelles elle entend, comme en un écho répété d'une génération à l'autre, l'histoire des plus terribles folies humaines. Ses premiers romans ont frappé par l'ampleur de leur ambition et la flamboyance de leur écriture. *Le Livre des nuits,* 1985, et sa suite, *Nuit d'ambre,* 1987, proposent sur un siècle et toute une dynastie la geste de paysans de la Meuse marqués dès la naissance d'une malédiction fondatrice. La sauvagerie s'offre comme seul horizon. Les deux guerres mondiales en sont l'illustration abominable et, des camps nazis jusqu'à la torture en Algérie, elles s'emparent jusqu'à les perdre de ces hommes monstrueux à force d'être habités.

● **Parcourue frénétiquement, l'histoire est ponctuée d'images atroces ou magiques,** telle cette femme au visage marqué d'une tache de vin par laquelle, jour après jour, elle se vide de son sang jusqu'à devenir transparente. La mort d'un enfant, la gémellité, l'hérédité troublée d'inceste, le désir morbide d'un corps assassiné : on retrouve dans *Jours de colère,* prix Femina 1989, cette force troublante qui jaillit nue d'hommes oubliés au cœur de la forêt et conduits par leurs besoins vitaux à se comporter en monstres. Là encore, des visions, des scènes d'une grande puissance orientent le récit et le font avancer comme autant d'arrachements successifs de l'homme aux prises avec l'indomptable.

● Avec *Éclats de sel,* 1995, la légende praguoise du Golem et l'éclairage biblique renouvellent l'univers de l'auteur. Dans ce roman initiatique, un critique d'art se lance sur les traces d'un mage du XVIe siècle. La tonalité envoûtante des livres précédents demeure dans cette quête insolite et érudite où les hommes construisent les instruments de leur propre malheur.

La vogue du **roman historique** ne s'est pas démentie à l'heure du « village planétaire » et des « autoroutes de l'information ». Face au succès mondial des romans fantastiques et sanguinolents produits à tour de bras par des spécialistes anglo-saxons, cette famille de « best-sellers » à la fois savants et distrayants apparaît même comme une **rassurante spécialité française.**

● La connaissance plaisante, anecdotique et romancée des épisodes glorieux ou tragiques du passé, la fascination pour les grandes figures, les caractères héroïques, leurs combats et leurs destins, continue à être l'un des principaux aimants vers la lecture. C'est là le domaine des maîtres artisans, capables de **brasser une importante documentation sans la laisser transparaître, de donner couleur, odeur et bruits aux époques oubliées et de faire revivre, selon leur propre liberté d'auteur, les passions depuis longtemps disparues.**

● Si bien que, sans être aucunement novatrice dans la forme – mais aussi pour cette raison même –, cette catégorie de romans est probablement l'une des plus demandées, celle où se retrouvent les plus nombreuses réussites quantitatives.

A. DU ROMAN AU ROMAN HISTORIQUE

a. Robert Merle

L'auteur de *Week-end à Zuydcoote,* prix Goncourt 1949, et de *La mort est mon métier,* 1952, se rendit célèbre en dénonçant dans ses ouvrages l'absurdité de la guerre, le fonctionnement des camps de concentration ou les conditions de la décolonisation. Il s'est, par la suite, laissé prendre par la rédaction d'une vaste fresque.

● Sa saga *Fortune de France* (10 volumes parus entre 1977 et 1997) offre une chronique érudite et vivante de la France entre la mort de François Ier et la naissance de Louis XIV. Entre les coutumes des paysans périgourdins, le savoir-faire des médecins à l'université de Montpellier ou les intrigues qui se tissent au Louvre à la veille de la Saint-Barthélemy, il restitue en son parler truculent l'existence mouvementée et dramatique d'une lignée huguenote, les Siorac, serviteurs du roi et par là témoins des principaux événements qui marquent le royaume.

● A un rigoureux travail historique portant sur les détails de la vie politique comme de la vie quotidienne, Robert Merle joint une reconstitution pointilleuse des parlers de l'époque qui confère à ses romans une touche d'authenticité particulière.

b. Bernard Clavel

De façon comparable, ce romancier extrêmement populaire, prix Goncourt en 1968, a investi la dimension historique. Après de très nombreux romans portant sur des sujets contemporains (la délinquance dans *Malataverne,* 1960, l'euthanasie avec *Le Tambour du bief,* 1970 ; la guerre d'Algérie dans *Le Silence des armes,* 1974) et sa fresque d'inspiration autobiographique (*La Grande Patience,* 4 vol., 1962-1968), les cinq volumes des *Colonnes du ciel,* 1976-1981, forment un ensemble cohérent. L'auteur y croise les destins de paysans franc-comtois du XVIIe siècle, courageux et idéalistes, leur combat pacifique et pacifiste, humanitaire avant l'heure, qui les conduit à franchir l'Atlantique en désespoir du Vieux Monde.

● Avec *Le Royaume du Nord* (6 vol., 1983-1989), il explore cette fois, à la suite d'une longue recherche sur le terrain, les errances des émigrants du début du siècle au Canada. C'est donc par le biais de l'Histoire, mais sans s'y cantonner, qu'il fait évoluer une œuvre abondante et depuis longtemps reconnue.

c. Amin Maalouf

● Avec son premier ouvrage, *Les Croisades vues par les Arabes,* 1983, cet écrivain libanais offre au public des non-spécialistes un point de vue entièrement nouveau sur un épisode déterminant de l'histoire occidentale. Puis il reconstitue d'une manière accessible et romancée les vies de personnages mythiques de l'Orient médiéval (le poète persan Omar Khayyam dans *Samarcande,* 1988) ou de la Mésopotamie du IIIe siècle (Mani, fondateur du « manichéisme », *Les Jardins de lumière,* 1991).

● Il s'éloigne par la suite de personnages réels avec *Le Rocher de Tanios,* prix Goncourt 1993, retraçant l'existence d'un personnage entièrement imaginaire, Tanios, lequel sert de fil conducteur entre les nombreuses histoires de successions et de vengeances de familles libanaises au XIXe siècle.

● Partant du « roman vrai » pour se diriger vers l'« impure fiction », qui nous en apprend presque autant sur les coutumes et l'histoire, l'évolution actuelle de ces trois romanciers illustre

15

cette **extraordinaire propriété du roman à rejoindre, par l'invention, la vérité des faits.** Il se pourrait d'ailleurs que cette propriété connaisse une réciproque, que découvre en conclusion le personnage d'Amin Maalouf : « Quand j'avais cru atteindre le cœur de la vérité, il était fait de légende. »

B. LES SPÉCIALISTES DU GENRE

Le formidable engouement pour les récits historiques est en bonne partie dû à la multiplication de travaux qui, tout en reposant sur des recherches solides, transforment le matériau initial pour le doter du pittoresque, de l'anecdote et de la couleur dramatique le rendant séduisant au plus grand nombre. Le texte gagne en couleur ce qu'il perd en exactitude et devient un **genre à part entière où la dynamique du récit l'emporte sur les effets d'écriture et la connaissance des faits passés sur l'imagination.**

a. Jeanne Bourin

Le succès de ses ouvrages (*La Chambre des dames,* 1979 ; *La Dame de beauté,* 1982) repose sur la précision de la reconstitution et l'animation par le parler, les descriptions de scènes historiques attestées. Abélard et Héloïse, Agnès Sorel sont ses personnages, et les romans deviennent des leçons d'histoire vivante dans lesquelles le travail de la romancière est concentré sur les nécessités du récit : portraits, descriptions, dialogues ou anecdotes. On est là dans un cas limite où la fiction et l'invention sont mises au service de la reconstitution et visent à sa transparence.

b. Françoise Chandernagor

Rédigeant les Mémoires imaginaires de Mme de Maintenon (*L'Allée du roi,* 1981), le roman s'asservit à la même cause historique. En revanche, sa trilogie contemporaine *Leçons de ténèbres,* 1988-1990, offre un regard sur les coulisses de la vie mondaine et politique d'aujourd'hui dans lequel l'imagination et la connaissance du « terrain » tiennent lieu de documentation. Le premier volume, *La Sans pareille,* allie le roman à clé, épique et psychologique, aux notations d'actualité pour retrouver le souffle évocatoire du roman réaliste traditionnel.

c. L'« École de Brive »

● Parti d'un projet démesuré, une sorte de « Légende des siècles » aux dimensions de la France, **Michel Peyramaure** est de fait l'auteur d'une cinquantaine d'ouvrages sur des périodes allant de la préhistoire au XIXe siècle, et ouvre abondamment ses pages à des figures grandioses qui vont de Cléopâtre à Napoléon.

● Il est notamment l'auteur de plusieurs trilogies (*La Passion cathare,* 1977-1978, *La Lumière et la Boue,* 1980-1981, *Les Empires de cendre,* 1984-1986, *Les Dames de Marsanges,* 1988-1990) dans lesquelles, sous l'angle de l'anecdote et de l'histoire privée, documenté mais sans prétendre à l'exactitude scientifique, il entend faire revivre les périodes les plus diverses.

● Il est également l'aîné de l'École de Brive, regroupement opéré au début des années 80 par leur éditeur, de plusieurs auteurs d'origine corrézienne. La renommée et les succès du groupe reposent essentiellement sur la qualité de leurs romans « de terroir » ou paysans, qui romancent dans un style coloré, surabondant de notations agrestes, **les histoires de famille, d'héritages, de récoltes perdues et de mariages ratés, de jacqueries et de mécanisation forcée dans une France rurale en perte d'identité.**

● Admirateurs de Jean Giono, se réclamant volontiers de Bernard Clavel ou du Georges-Emmanuel Clancier du *Pain noir* (1956), ces conteurs à l'image de **Claude Michelet** (*Des grives aux loups,* 1979) ou de **Christian Signol** (trilogie *La Rivière Espérance, Les Vignes de Sainte-Colombe,* 1996) puisent leur inspiration dans le fonds traditionnel des campagnes, les histoires de leurs aïeux qu'ils détaillent, dialoguent et dramatisent jusqu'à en faire ces sagas où se tient en réserve la mémoire du monde paysan.

● L'art du conteur, la recherche de la simplicité dans les caractères, les intrigues et l'expression, les abondants effets de couleur locale reposant sur une authentique connaissance de la terre et de l'agriculture (Michelet est agriculteur lui-même) ajoutent à cette dimension quasi sociologique pour expliquer la ferveur dont jouissent ces romans, lesquels forment en outre un réservoir abondant pour de très populaires séries télévisées.

Un renouveau important du roman policier français a eu lieu durant les années 70. A côté d'auteurs pour ainsi dire « classiques », qui continuaient à creuser leur sillon personnel en multipliant les aventures de leur héros enquêteur dans leur décor de prédilection, tel le Paris de **Léo Malet** ou la Provence de **Pierre Magnan**, une génération d'écrivains, pour la plupart issus des milieux gauchistes actifs en 1968, s'est emparée du modèle policier et en a fait un **outil d'« intervention » et de critique sociale**.

● Avec **Jean-Patrick Manchette**, les histoires criminelles prirent pour toile de fond certains événements peu reluisants de la vie politique nationale récente tels que l'assassinat de l'opposant marocain Mehdi Ben Barka (*L'Affaire N'Gustro,* 1971) ou les machinations qui parcourent les milieux d'extrême gauche (*Nada,* 1972). C'était la vague du « néo-polar » pour laquelle le terrain politique et social français se substituait avantageusement au décor urbain des maîtres américains, notamment Raymond Chandler et Dashiell Hammett. Avec les années 80, cette famille littéraire évolue encore et voit transformés ses objectifs ainsi que ses moyens.

A. UNE ALTERNATIVE AU ROMAN ENGAGÉ

a. « L'envers de l'histoire contemporaine »

Ce titre balzacien rend compte de la démarche qui habite ces auteurs. L'éclairage porté sur les zones particulièrement sombres de la société et de son histoire récente leur confère une portée, un engagement qui vont au-delà de la seule poursuite de criminels.

● **Thierry Jonquet** n'hésite pas à faire de la spoliation des juifs déportés à Auschwitz le nœud de l'immonde trafic révélé dans *Les Orpailleurs,* 1993. Mais ses cibles sont multiples, et pas toujours situées du même côté : *Du passé faisons table rase* explore les arcanes secrètes et criminelles du Parti communiste. **Didier Daeninckx** s'intéresse aussi bien aux déserteurs et aux suicidés volontaires de la guerre de 14 (*Le Der des ders,* 1985) qu'au massacre dont ont été victimes quatre cents manifestants algériens à Paris en 1961 (*Meurtres pour mémoire*, 1984).

● Mais les mécanismes souterrains de l'actualité attirent tout autant sa curiosité. L'enquête est ainsi un prétexte, un passe-droit pour dénoncer la situation réservée aux immigrés clandestins à leur descente d'avion (*Lumière noire*, 1987), les manipulations qui se déroulent dans les coulisses du show-bussiness ou de la télévision (*Zapping*, 1992) ou celles qui voient les milieux politiques infiltrés par l'extrême droite et le révisionnisme (*Nazis dans le métro*, 1996).

b. Un engagement sans frontière

● Si son style est différent, plus incisif, plus violent, le même esprit de critique sociale et d'inconfort moral parcourt nombre de romans signés **Frédéric H. Fajardie**. Il dénonce l'infiltration de la police par un complot d'extrême droite (*Clause de style*, 1987) mais aussi bien les liquidations politiques au sein du Parti communiste d'après-guerre (*Des lendemains enchanteurs*, 1986) ou la vengeance d'un fils de soldat allemand exécuté par des Français résistants de la dernière heure (*La Théorie du 1 %*, 1981).

● C'est dire que le roman n'est pas militant, qu'il n'épouse pas une cause politique unique et déterminée. Dans le relevé et l'exhibition d'actes de violence parfois apparemment « gratuits », ce type de romans montre combien le crime n'est plus nécessairement la conclusion d'une déviance individuelle. Il apparaît porté par l'esprit malsain et par les compromissions d'une société entière, laquelle engendre ses propres monstres et tâche de les éliminer en condamnant des individus

● Le roman noir ne se résume pas pour autant à une forme contemporaine de la littérature engagée. **Avant d'être littérature de combat, elle est littérature de constat** et se veut le miroir, nécessairement sombre, d'une époque peu reluisante. Le chômage et ses conséquences, les dérives de toute sorte, technologiques, éthiques, psychologiques, le poids des drogues, du sexe et de l'argent sont ainsi représentés dans des ouvrages dont le propre est de coller au terrain et de donner presque immédiatement une image de ce qui s'y déroule, de préférence dans ses à-côtés.

B. LA RÉVISION DES PONCIFS

16

a. La métamorphose de l'enquêteur

● Plus que par l'univers du commissariat ou du bureau du détective, **le roman noir est coloré par la personnalité de l'enquêteur et sa propre vision du monde.** Révolté mais à court d'illusions, il peut être du côté des forces de l'ordre, tel cet ancien maoïste devenu commissaire dans *Né de fils inconnu*, 1995, de **Patrick Raynal**. Mais alors le conflit avec l'institution est prévisible, sa mission sera parasitée et détournée en interférant avec des affaires personnelles : la loi n'est plus intangible ni omnipotente et ses serviteurs sont rongés par une situation personnelle désastreuse.

● Le héros-enquêteur peut être n'importe qui, surpris par le cours d'une action qui le concerne ou face à laquelle il est mis en demeure d'agir. C'est, par exemple, le « couchettiste » du train Paris-Venise, supposé relever les billets, mais pris malgré lui dans une terrifiante chasse à l'homme (**Tonino Benacquista**, *La Maldonne des sleepings*), ou bien un mari qui cherche à comprendre les raisons d'une provisoire disparition de sa femme : **Jean-Bernard Pouy**, dans *RN 86*, 1992, prend à contre-pied les poncifs du « polar » en supprimant jusqu'au crime. La victime succombe à un accident, peut-être à un suicide, et c'est la seule question. L'enquêteur improvisé se déplace à vélo et non dans une vieille automobile, n'a pas d'armes – d'ailleurs les scènes de violence sont rares – et le décor, au lieu d'être une mégalopole, est celui des petits villages jouxtant le pont du Gard. Il peut, en outre, être affligé de handicaps *a priori* rhédibitoires, qui le prédisposent davantage à cultiver un lopin de terre qu'à se lancer sur la piste de criminels – c'est un sourd-muet dans *La Belle de Fontenay*, du même Jean-Bernard Pouy.

● S'il est néanmoins policier, c'est à la manière inconfortable et rebelle de l'inspecteur Cadin de **Didier Daeninckx** qui, d'une enquête à l'autre, se fait muter, démissionne pour devenir « privé » et finit, désespéré par l'impuissance de l'institution comme par celle de l'individu, par se suicider. **Plus que le policier ou le « privé », le personnage de prédilection de ces romans est donc le marginal, le paumé, l'exclu.** Sa conduite criminelle apparaît davantage provoquée par une complication née de sa détresse que par une tendance pathologique, métaphysique ou fatale au mal.

b. Le mélange des genres

● Tout comme ses décors traditionnels et ses stéréotypes sociaux, les codes narratifs du roman policier sont bousculés et les critères même de définition du genre remis en cause. C'est ainsi, par exemple, qu'**Alain Demouzon**, auteur auparavant de nombreux polars réalistes plutôt traditionnels *(Adieu la Jolla, Château-des-rentiers...)*, bifurque vers le roman teinté de fantastique, faisant communiquer au moyen d'une construction très hardie deux univers parallèles, dont l'un prolonge le nôtre en un futur totalitaire dans lequel la dépersonnalisation entraîne une nouvelle forme de délinquance *(Dernière Station avant Jérusalem,* 1994).

● **Maurice G. Dantec** invente, pour sa part, avec son très volumineux *Les Racines du mal* le « cyberpolar », mélange érudit et nerveux de critique sociale inspirée de l'actualité, d'anticipation technologique radicalisant l'exploitation de découvertes les plus récentes et de thriller sur les pas d'un monstrueux tueur en série. Avec **Fred Vargas** *(Debout les morts, L'Homme aux cercles bleus),* les déambulations dans le Paris nocturne et ses recoins criminogènes apportent leurs moissons de paumés atypiques et de marginaux, mais la plume de l'auteur sait en tirer la matière de passages étonnamment poétiques et ne sacrifie jamais l'humour aux nécessités de l'intrigue réaliste.

● Quant à **Serge Brussolo** dont la production frénétique rappelle les cadences d'un Simenon (sa bibliographie compte plus d'une soixantaine d'ouvrages parus depuis 1980), il forme un cas à lui seul, et ne se laisse certainement pas enfermer dans le genre décidément trop étroit du « polar ». Les romans historiques, scientifiques, fantastiques, d'anticipation ou de psychologie se suivent et s'entremêlent; il est reconnu comme un maître de la science-fiction, mais récuse le genre, brouillant tous les repères, défiant toutes les étiquettes. Une constante, cependant, permet d'appréhender le sens de sa démarche : quels que soient l'époque ou l'événement qu'il donne pour cadre à son intrigue, et qu'elle soit intimiste ou sociale, celle-ci a pour objet central une étude hallucinée de la peur, une version différente et extrême de l'angoisse appliquée à l'individu.

C. LITTÉRATURE POPULAIRE OU LITTÉRATURE « TOUT COURT » ?

16

Cette diversité d'approches comme le regard résolument critique porté sur les mécanismes de l'organisation sociale ont transformé le genre mais également son lectorat. Le « policier », ou ce qu'il en reste, n'est plus, dans les années 80 et 90, résumable à un genre populaire, une « sous-littérature » plus ou moins industrielle faite pour la distraction passagère d'un lecteur universel. La fameuse « Série noire » qui offrait cent titres par an en 1966 n'en donne plus que le tiers trente ans plus tard, et ses concurrents ont suivi la même pente.

a. San Antonio fait des émules

Certes, la longévité et la fécondité remarquables d'un **Frédéric Dard** publiant chaque année depuis 1950 de trois à cinq titres de ses *San Antonio* perpétuent la nature essentiellement populaire du genre. Mais on conviendra qu'il s'agit là d'une exception. Pour renouer avec cette veine populaire, les auteurs retrouvent parfois le chemin des formes les plus anciennes et les plus éprouvées, telles que le feuilleton. Ainsi J.-B. Pouy a-t-il créé la série collective « Le Poulpe » dans laquelle un auteur différent à chaque fois invente une nouvelle aventure du même personnage. Pourtant, les plus grandes réussites commerciales ont paradoxalement été le fait d'un renoncement aux filières éditoriales habituelles du roman noir.

b. Vautrin : du polar au Goncourt

C'est ainsi que **Jean Vautrin**, issu du milieu du cinéma, fut d'abord l'auteur de nombreux romans policiers à succès (*Billy-ze-kick* 1974, *Bloody Mary*, 1979, *Canicule*, 1986). Il a obtenu le prix Goncourt en 1989 avec *Un grand pas vers le bon Dieu*, roman policier dans son intrigue mais remarquable surtout par son esprit « louisianais » et par le travail de reconstitution de la langue cajun qui y est à l'œuvre. Ses ouvrages ultérieurs, tel *Symphonie Grabuge*, 1994, ont cette fois une résonance nettement autobiographique. Ce parcours est représentatif d'un déplacement des limites entre une littérature dite populaire et une autre plus « noble ». Limites avec lesquelles Vautrin se plaît à jouer par ailleurs lorsqu'il publie depuis 1987, en collaboration avec **Dan Franck**, les épisodes d'un feuilleton à la Dumas, parcourant l'Europe de l'avant-guerre, *Les Aventures de Boro, reporter-photographe.*

c. De la « noire » à la « blanche »

● Deux autres cas permettent, malgré la différence des textes, de constater la modification du paysage éditorial sous l'impulsion d'une littérature initialement confinée dans le réseau « noir ». Sans passer par l'obtention des principaux prix littéraires, tous deux ont obtenu à partir de la seconde moitié des années 80 quelques-uns des plus gros succès de librairie de l'époque pour des romans policiers dont le ton ou le style tranchaient avec la production ambiante.

● **Philippe Djian** a su séduire un très nombreux public de jeunes avec son écriture rapide empruntée à l'école américaine, le découpage cinématographique de l'action, les situations et les personnages « branchés », le débraillé volontaire de la syntaxe et du vocabulaire (*Bleu comme l'enfer*, 1983, *Zone érogène*, 1984). Les adaptations cinématographiques de ses livres ont également été plébiscitées (*37°2 le matin*, 1985) si bien que ses ouvrages sont désormais accueillis dans une collection de littérature générale.

● **Daniel Pennac** a lui aussi publié ses romans policiers dans une collection spécialisée avant de devenir l'un des auteurs préférés des Français grâce à la saga de son sympathique « bouc émissaire » de Belleville. La décontraction de la narration, mais aussi le soin des formules et l'usage d'un humour permanent font que cette tétralogie (de *Au bonheur des ogres*, 1985, à *Monsieur Mallaussène*, 1995) comportant des intrigues policières très en phase avec l'actualité (meurtres de vieilles dames, attentats terroristes dans Paris…) a su conquérir un public bien au-delà des habitués du genre.

● Le caractère attachant des personnages et des relations qui les unissent, la curiosité pour leur mode de vie « tribal », les références à un univers quotidien et les innombrables clins d'œil à la vie de quartier sont autant d'apports originaux qui, ajoutés à un ton très vif et à une écriture ludique, ont produit et reconduit ce miracle éditorial.

● Le « genre policier », considéré il y a peu encore comme marginal, se trouve ainsi réactivé et réhabilité en offrant à plus d'un auteur un succès qui, pour être populaire, bénéficie également d'une **nouvelle légitimité.**

L'un des tons les plus neufs apparus dans le roman français des années 80-90 est dû à la nouvelle génération des auteurs antillais. Contrairement à la démarche lyrique d'**Aimé Césaire**, lequel avait, dès la fin des années 30, adopté le poème et le théâtre pour chanter l'homme noir et imager sa révolte, les romanciers actuels fondent leur démarche sur la peinture du quotidien. Leurs héros sont plus volontiers les pousse-brouette du marché de Fort-de-France que les chantres héroïques de la libération des peuples.

● **Au premier rang de leurs préoccupations, la question de la langue créole,** orale par essence, les conduit à renouveler l'approche du roman afin d'y inscrire dans sa verdeur, sa différence et son inventivité, un parler populaire jusqu'ici banni de la littérature au même titre que ceux dont il est l'expression. Mais il ne s'agit pas de transcrire l'oralité : la force de leur travail réside plutôt dans l'**élaboration d'images, de métaphores, l'usage d'archaïsmes ou de tournures inédites par lesquels ils parviennent à donner un équivalent, dans le code écrit, à cette parole vivante.**

A. LES MÉTISSAGES CULTURELS

a. Le roman-monde d'Édouard Glissant

● **Édouard Glissant**, auteur d'une théorie de l'« antillanité », évoque la situation dépendante et assistée des populations des îles et revendique le métissage et les mélanges culturels. Mais il est aussi l'un des premiers romanciers antillais à être salués par la critique, avec *La Lézarde*, prix Renaudot 1958. Son propos et son esthétique, rompant définitivement avec l'esprit régionaliste, sont de montrer l'importance et la fragilité des cultures mises à mal par le colonialisme et, par la suite, menacées par l'ordre mondial dépeint comme un « chaos-monde ». Son œuvre prêche et illustre tout à la fois la grandeur de la création artistique, assumée comme telle, obscure et opaque, complexe et fertile, comme ultime chance de les sauvegarder.

● Romancier fécond, intellectuel engagé, essayiste, Glissant est devenu une figure de proue du combat culturel des minorités. Dans *Tout-monde*, roman-somme paru en 1993, les multiples époques, les lieux les plus divers sont convoqués à travers un entrecroisement de légendes pour faire resurgir l'histoire des religions bafouées, des exils et des esclavages. De l'Espagne de Colomb ou de l'Afrique du commerce des esclaves jusqu'à l'Inde ou aux Caraïbes, **peuples, langues et mémoires se confondent en un gigantesque chant de la détresse et de la grandeur humaines.** Le verbe incantatoire et chatoyant, la construction savante, les multiples jeux d'échos et de rebondissements contribuent à hausser l'ambitieux ouvrage au niveau des plus somptueuses – mais aussi des plus déroutantes – entreprises romanesques.

b. La recherche des origines africaines

Pour **Maryse Condé,** les racines africaines des populations antillaises offrent un horizon majeur. Elle le déploie dans la vaste épopée de *Ségou,* 1984-1985, qui retrace en un français très classique la geste légendaire des ancêtres fondateurs. *Moi, Tituba, sorcière noire de Salem* prolonge en 1987 sa galerie de portraits légendaires et achève d'ancrer sur le continent noir une culture antillaise qui, sous sa plume, affirme ses liens avec les mystères les plus envoûtants des origines humaines. Mais l'auteur consacre par ailleurs à la période contemporaine des récits pour mettre en évidence les désarrois de personnages qui, pour être métis, cherchent en vain dans les différentes sociétés qu'ils parcourent une place où se reconnaître. *Desirada,* 1997, conte le devenir d'une jeune femme abandonnée aux Caraïbes par une mère partie faire carrière en métropole. La question de l'ascension sociale dans les milieux intellectuels vient alors redoubler celle, plus traditionnelle, de la recherche identitaire. Avec le savoir-faire de la conteuse, Maryse Condé parvient à les mêler en un roman où la réflexion sur la place des minorités dans le monde d'aujourd'hui actualise la question toujours sous-jacente de leurs origines.

B. ÉLOGES DE LA CRÉOLITÉ

La génération suivante d'écrivains antillais se fait connaître depuis la fin des années 80 avec le vœu explicite de prendre en compte au plus près la sensibilité la perception et la culture populaires. Ils les déploient à travers des textes porteurs de toutes les saveurs inédites de leur inventivité verbale. S'ils aiment à se définir comme les défenseurs de la « créolité », terme défini dans un manifeste paru en 1989, on pourrait tout aussi bien les définir comme les **tenants d'un nouveau réalisme poétique.**

a. « Texaco » ou la reconnaissance

● Au Martiniquais **Patrick Chamoiseau** il revient d'avoir réussi le premier grand roman de cette créolité revendiquée et de lui avoir ouvert ainsi les voies de la reconnaissance. *Texaco*, prix Goncourt 1992, a servi mieux qu'aucun manifeste à faire connaître cette **nouvelle prose à la fois savante et populaire, érudite et joviale.**

● Construit autour du personnage d'une maîtresse femme, haute figure de l'humanité antillaise et symbole à la fois des luttes et de la permanence du petit peuple des descendants d'esclaves, le roman raconte au fil de destinées individuelles l'histoire de la Martinique depuis l'abolition jusqu'à l'époque contemporaine où les habitants des faubourgs de Fort-de-France s'accrochent à leurs bidonvilles et résistent aux projets de « rationalisation » des sociétés d'aménagement.

● C'est une fresque ambitieuse, précise, riche d'anecdotes comiques et de portraits, dans laquelle les grandes dates de l'histoire martiniquaise récente mais aussi ses croyances, ses rêves et ses échecs sont retracés en adoptant le point de vue des humiliés. On y découvre dans son attachante complexité toute une société de laissés-pour-compte dont les origines se perdent entre des ascendances africaines, asiatiques et européennes. Le narrateur s'y met en scène en posture de « marqueur de paroles » et fait sentir les difficultés d'une tâche où l'histoire, l'ethnologie, le voyeurisme, la magie et la mémoire se mêlent en une matière lumineuse qui, sous sa plume, s'ordonne en roman. Fiction chargée de sens, elle accomplit le **double devoir de mémoire et de célébration qui constitue le cœur de la « créolité ».**

● Ses autres ouvrages permettent de comprendre la genèse de cette vocation d'écrivain : *Antan d'enfance*, 1990, et *Chemin d'école*, 1994, résonnent comme des fragments d'autobiographie en nous présentant la naissance d'un imaginaire à la croisée des livres d'Europe et des légendes caraïbes ainsi que la sensibilité à une langue en laquelle les deux se mêlent. Comme en contre-point, *Solibo Magnifique,* 1988, dresse, sous la forme d'un roman policier aux accents comiques et forte odeur de rhum, un portrait en action de la Martinique des années 80, celle de l'en-ville et des allocations qui perd ses codes et ses traditions et où la parole des générations anciennes s'étrangle de n'être plus entendue. On ne saurait mieux user de la fable pour justifier la tâche du romancier et son urgence.

b. Les noces du témoignage et du récit truculent

Marquant clairement que l'affirmation d'un peuple et de sa culture passe par sa langue, **Raphaël Confiant,** Martiniquais lui aussi, a tout d'abord refusé d'écrire en français. Il y est venu dans le courant des années 80 en traduisant des récits qui plongent le lecteur dans le vécu du petit peuple des « mornes », les collines de l'intérieur de l'île. *Mamzelle Libellule,* 1987, raconte ainsi avec force détails crus et cruels les déboires d'une fragile et jolie jeune fille de la campagne venue faire sa vie « en-ville » et très vite confrontée à la hiérarchie sévère et très subtile des couleurs de peau et des origines sociales.

● *Le Nègre et l'Amiral,* 1987, puis *Eau de café,* 1991, sont cette fois rédigés directement en français, même si Confiant, tout à sa verve épique, sait infuser dans la langue la chaleur des tropiques et l'inventivité lexicale de ses habitants. Ce dernier roman, dans lequel le narrateur-écrivain revient aux Antilles après un séjour en métropole, le met face à l'incroyable tissu de croyances, de légendes et d'histoires vécues qui ont conduit la ville côtière de Grande-Anse à tourner le dos à la mer. Les amours compliquées de ses habitants, l'influence d'êtres suspectés de malfaisance, les secrets de famille y occupent une place déterminante, si bien que le narrateur, à la fois témoin et confident, occupe l'unique place permettant de savoir et de dire, même s'il lui faut pour cela mener enquête et creuser les secrets de la communauté. C'est, à peine déguisée, **la définition de cette position à la fois cruciale et ambiguë de l'écrivain antillais d'aujourd'hui, qui choisit de rendre compte d'une culture et d'un mode de vie où l'écrit n'a guère de place.**

L'état de la société, la dégradation des situations individuelles sous les coups portés par le chômage, la drogue ou le désenchantement tendent naturellement à se traduire dans la littérature produite par les plus jeunes générations d'auteurs. Le phénomène est d'autant plus intéressant que cette situation sociale ne se borne pas à offrir un réservoir de « thèmes » à qui voudrait « faire actuel ». **Plusieurs approches apparaissent qui témoignent d'autant d'adaptations possibles des formes littéraires aux spécificités de la société où elles voient le jour.** Et l'on observe alors quelques-unes des démarches les plus percutantes, on entend quelques voix d'auteurs parmi les plus neuves du moment.

A. ÉCRIRE LA DÉCONNEXION DES ÊTRES

a. « Comment faire littérature de la frange la plus contemporaine des images de nos villes ? »

Cette question posée par **François Bon** au dos de son livre *Parking,* 1996, envisage le défi posé aux écrivains qui voudraient creuser dans la matière même de leurs textes l'empreinte de l'époque. Il opte pour sa part pour une **très nette affirmation du fait littéraire.** Depuis 1982 et *Sortie d'usine,* les romans de cet ancien ouvrier communiste parlent de « la vie de tous les jours, aujourd'hui plus triste que jamais ». Dans son premier ouvrage, c'est le bras d'un adolescent pris dans un tour. En 1985, *Limite* est construit autour d'un avortement. *Le Crime de Buzon,* 1986, évoque l'itinéraire de deux prisonniers libérés et totalement désorientés. *C'était toute une vie,* 1995, a pour point de départ la mort d'une jeune femme rencontrée par l'auteur au cours d'un atelier d'écriture. On ne saurait être plus proche des réalités douloureuses du « terrain ».

● Mais l'approche de l'auteur n'est jamais ni naïve ni transparente. Le fait d'origine est toujours perçu comme un fait représenté, et les moyens de cette représentation sont à chaque page soulignés. *Un fait divers,* 1993, est ainsi écrit à partir d'une véritable histoire de meurtre et de séquestration lue dans le journal.

Mais le roman accorde autant d'importance à l'équipe de cinéma venue en tirer parti et illustre ainsi le curieux et dangereux mixage qui s'opère entre la réalité et sa reconstitution. Il recourt également au mélange des voix, multipliant les monologues croisés des différents protagonistes pour **déployer l'événement dans une profondeur que seul permet le temps de l'écriture littéraire, par opposition à celle de la presse, de la justice, de la police.** Faisant parler aux personnages une langue qui les transcende et les magnifie, l'écrivain offre de saisir toute la complexité de leur situation, leur grandeur ordinaire et la profondeur inavouable de leur détresse.

b. « Ne pas tomber du tabouret est une forme d'héroïsme dans mes cordes. »

● S'il y a de l'humour dans les romans de **Jacques Serena**, ce n'est jamais pour masquer la profondeur de la détresse. Ici, les crises de manque, la maladie dans les cages d'escalier, le manque d'amour et d'argent, les trafics de drogue ne sont pas l'occasion de rapporter une anecdote mais bien de faire connaître des états de dénuement et de faillite extrêmes. *Basse Ville*, 1992, et *Lendemain de fête*, 1993, sont des romans de la dérive mortelle, de la lente et inéluctable déchéance rapportée à froid par un narrateur suffisamment impliqué pour ne jamais donner le sentiment du factice. Les personnages, aussi pitoyables et démunis que dans une pièce de Beckett, perdent toute dimension métaphysique et sublime pour se frotter à la matière, à la rudesse des rapports humains et à la dureté du quotidien. Phrases inachevées, vocabulaire appauvri, décors pourrissants : **le monde d'aujourd'hui, inhumain pour ceux qui n'ont pas su en adopter les règles, est donné nu, dans son absence de tendresse, la violence de ses regards et la douleur de maladies que l'on ne peut soigner.**

B. ÉCRIRE LA DISSOLUTION DU TISSU SOCIAL

Une toute autre démarche, plus séduisante *a priori* car elle se donne davantage l'allure de l'écriture-témoignage, « prise sur le vif », participe d'une connaissance très détaillée des situations marginales et des crises personnelles.

a. Contes de fées chez les marginaux

● **Vincent Ravalec** excelle dans l'évocation de scènes « vécues » de ratage et de galère. C'est l'écrivain des zones et de la déglingue, des marginaux et des petits délinquants, des drogués en manque, des petits voleurs, des combines ou « plans » ratés, de la misère sexuelle et de la prostitution considérée comme moyen de survie. Le titre de son premier roman, *Cantique de la racaille*, 1994, en énonce le programme. Très réaliste et cru dans son langage, qui paraît directement issu des milieux évoqués, il adopte en même temps une forme de nonchalance amusée, proche de la bande dessinée, qui confère à ses histoires sordides un humour particulier. C'est ce qui fait le succès de ses nouvelles comme de ses romans, *Wendy*, 1996, *Nostalgie de la magie noire*, 1997, « contes de fées » parodiques aux couleurs de la crise économique, qui, au détour d'anecdotes plus ou moins salaces, présentent une vision extrêmement sombre de la France contemporaine ravagée par les clivages sociaux, l'indifférence et les idéaux de pacotille, drogues et sectes en tout genre.

b. Déprime grave chez les cadres

● Ce sont au contraire des personnages intégrés au monde du travail, informaticiens assidus aux réunions de leur entreprise, que présente **Michel Houellebecq** dans son roman *Extension du domaine de la lutte*, 1994. Ce premier roman a été remarqué pour sa lucidité, sa hargne et son ironie, contribuant sans gaieté au procès d'une société du « tout-économique » construite sur la ruine des liens affectifs. Car les perspectives aussi bien amoureuses que professionnelles offertes à ces jeunes cadres désabusés ne sont pas réjouissantes : dérives encore, découragement, effondrement, qui nous valent au passage des scènes fort grinçantes sur le monde de l'entreprise, la formation professionnelle et le désarroi des spécialistes envoyés en « mission » en province.

● Une commune caractéristique de ces deux derniers auteurs est la capacité de considérer avec distance les situations évoquées, quelle qu'en soit la dureté. Ainsi **la crudité du vocabulaire, le négligé du style, la froideur ironique du point de vue s'efforcent de renouveler la représentation même de la déprime ou de l'errance.**

BILAN : LES NOUVEAUX ASPECTS DU ROMAN

La pluralité du genre romanesque est évidemment le premier élément d'un bilan. De Julien Green à Michel Houellebecq ou de Françoise Sagan à Didier Daeninckx, on ne peut chercher aucune unité thématique ni formelle. Preuve s'il en fallait que le roman français vit et se transforme au lieu de rester figé dans des catégories anciennes. Celles-ci, par certains aspects, paraissent demeurer. Mais il est facile de constater qu'elles ont évolué au fil d'œuvres à la fois diverses et innovantes.

A. NOUVEAUX REGARDS SUR LE MONDE

a. La tendance à l'introspection

Elle est une donnée permanente de la littérature française. Depuis Proust, son immixtion dans le roman s'est indéniablement accentuée. Il suffit de constater qu'elle a séduit, de Marguerite Yourcenar jusqu'à Alain Robbe-Grillet, des auteurs tenants d'esthétiques les plus éloignées. Mais traçant sa voie sans se confondre avec l'autobiographie, elle s'est ouverte à la possibilité strictement romanesque de transformer les souvenirs, de les nourrir de fiction et de les recomposer. D'un tel creuset sont issues certaines œuvres parmi les plus représentatives de la période, celles par exemple de Patrick Modiano ou de Jean-Marie Le Clézio.

b. L'écriture de la sensibilité

Forme très française d'exploration de la sphère intime et de l'intériorité, également représentée par Proust, elle demeure une composante vivace. Mais les éclairages inédits offerts par l'actualité (désagrégation de la cellule familiale, déstructuration du paysage social, sida…) la conduisent à explorer désormais des domaines psychologiques ou sociaux qui jusque-là demeuraient exotiques.

c. Une « école du regard »

Informelle et diffuse, elle bénéficie de l'héritage croisé du nouveau roman et de l'attitude « sociologique » apparus dans le courant des années 60. Tirant parti notamment du travail de Nathalie Sarraute sur les « infiniment petits » du langage, on lui doit d'avoir élargi le domaine romanesque aux détails de la trivialité quotidienne et de préférer au pittoresque la recherche du sens, quitte à faire par ce biais original un procès des modes de vie.

B. NOUVEAUX VISAGES DES ROMANCIERS

a. La revanche des femmes

Plus que dans aucune génération précédente, les œuvres marquantes ont été écrites par des femmes. Marguerite Duras, d'une part, et Nathalie Sarraute, dans une toute autre voie, ont notablement contribué à renouveler le paysage romanesque, c'est-à-dire à en étendre les limites et à en magnifier les possibilités. Loin d'être un phénomène ponctuel, il est confirmé d'année en année par la construction rapide de nombreuses œuvres de grande qualité. On songe, parmi les plus jeunes, à celles de Régine Detambel, de Sylvie Germain ou de Marie Ndiaye.

b. Le modèle sartrien de l'engagement

Caduc dans les années 70, il réapparaît aujourd'hui à travers le roman de manière quasi inversée.

● La dénonciation des travers du système politique et économique est assurée en grande partie par les **romanciers les moins intellectuels,** écrivains de « terrain » qui adaptent à la réalité française et à son actualité les principes d'écriture immédiate du roman noir américain.

● **Les romanciers intellectuels, pour leur part, investissent davantage le domaine social** et, à l'image de Danièle Sallenave, ils font de la victime ordinaire le personnage central de leurs récits et de la continuité oppressante des jours le principe d'une dramaturgie du quotidien.

● Quant aux **causes neuves,** celle par exemple de la « créolité », elles se font entendre non pas dans la revendication ni dans la lutte d'idée, mais sur le **terrain de la langue et de l'écriture,** et c'est ainsi qu'elles triomphent…

C. NOUVEAUX CANONS DE L'ÉCRITURE

a. La « qualité française »

Celle qui privilégiait la langue, la syntaxe, la construction et, par conséquent, une vision académique de l'œuvre romanesque a incontestablement perdu du terrain. Mais la diversité actuelle cache une nouvelle forme de convergence. De l'évolution du roman policier jusqu'à celle d'un Claude Simon, elle se fait autour du **désir de récit.** Le souffle, le rythme, la surprise et la truculence, l'humour, l'anecdote et la saveur des parlers offrent aujourd'hui leur nouveauté et permettent de renouer avec le plaisir de la lecture.

b. L'écriture minimaliste

En vogue dans les années 80, elle paraît avoir atteint le point ultime de son évolution. La pratique intellectuelle de l'écriture romanesque ne s'est pas imposée comme une alternative durable face au goût pour les intrigues consistantes. En revanche, l'attitude détachée qui en procède, la froideur inhérente à une poétique du désœuvrement, la volonté de **rendre transparente l'épaisseur du réel,** tout cela en est issu et nourrit dans leur diversité de nombreuses œuvres des années 90.

c. Un humour froid

Un humour froid aux frontières du grincement de dents et du cynisme, un regard décalé et corrosif, une attitude à la fois hautaine et impliquée sont apparus en même temps pour rendre compte des délabrements sociaux. S'il se trouve quelques **tentations « postmodernes »,** sans doute faut-il les voir dans le **refus du misérabilisme** comme des **formes habituelles de « l'engagement »** et dans le **recours à la parodie,** à la citation détournée, aux faux-semblants et à la déformation du biographique. Ces effets concernent d'ailleurs aussi bien une littérature iconoclaste et « branchée » que des formes plus académiques.

● **On peut se risquer à deviner** les contours du « roman à venir » d'autant plus aisément qu'il est pour partie déjà là. Parce qu'il a été cérébral, autocentré, grave et novateur, il devient de plus en plus ouvert sur l'autre, socialement, géographiquement, affectivement : c'est un roman avant tout curieux. **Plus soucieux du plaisir d'écrire que du mal de vivre,** il joue davantage sur l'humour, voire sur la fantaisie. Si, évitant la frivolité, on attend de lui qu'il apporte du sens, c'est au moyen de ses vertus propres – et elles demeurent nombreuses. Pour approcher la gravité, voire pour peindre la détresse, **c'est ainsi au roman** plus qu'au cinéma et combien plus qu'à l'actualité, **de prendre du recul et d'oser les transpositions,** moyens inaliénables de sa durée.

INDEX DES AUTEURS CITÉS

BELETTO, René (1945), 71.
BÉNABOU, Marcel (1939), 55.
BENACQUISTA, Tonino (1961), 81.
BEN JELLOUN, Tahar (1944), 69.
BERGOUGNIOUX, Pierre (1949), 28.
BESSON, Patrick (1956), 65.
BIANCIOTTI, Hector (1930), 19.
BON, François (1953), 89.
BOREL, Jacques (1925), 25.
BOULANGER, Daniel (1922), 8.
BOURIN, Jeanne (1922), 77.
BRUSSOLO, Serge (1952), 82.
BUTOR, Michel (1926), 8.
CARRÉ, Patrick (1952), 60.
CARRÈRE, Emmanuel (1957), 72.
CHAILLOU, Michel (1930), 34.
CHAMOISEAU, Patrick (1952), 87.
CHANDERNAGOR, Françoise
  (1945), 77.
CHATEAUREYNAUD, Georges-
  Olivier (1947), 59.
CHEVILLARD, Éric (1964), 46.
CLAVEL, Bernard (1923), 76.
COHEN, Albert (1895-1981), 8.
COMBESCOT, Pierre (1940), 62.
CONDÉ, Maryse (1934), 86.
CONFIANT, Raphaël (1951), 88.
COUPRY, François (1947), 60.
DAENINCKX, Didier (1949), 79.
DANTEC, Maurice G. (1959), 82.
DARD, Frédéric (1921), 83.
DECOIN, Didier (1945), 63.
DEMOUZON, Alain (1945), 82.
DÉON, Michel (1919), 13.
DETAMBEL, Régine (1960), 50.
DJIAN, Philippe (1949), 84.
DOUBROVSKY, Serge (1928), 32.
DURAS, Marguerite (1914-1996),
  40.
ECHENOZ, Jean (1947), 43.
ERNAUX, Annie (1940), 27.
FAJARDIE, Frédéric (1947), 80.
FLEUTIAUX, Pierrette (1941), 49.

FORÊTS, Louis-René des (1918),
  8, 24.
FRANCK, Dan (1948), 83.
GAILLY, Christian (1943), 44.
GARAT, Anne-Marie (1946), 48.
GERMAIN, Sylvie (1954), 74.
GLISSANT, Édouard (1928), 85.
GRACQ, Julien (1910), 8.
GREEN, Julien (1900), 10.
GUIBERT, Hervé (1955-1991), 33.
HADDAD, Hubert (1947), 60.
HOLDER, Éric (1960), 22.
HOUELLEBECQ, Michel (1958), 91.
JACQUES, Paula (1946), 68.
JONQUET, Thierry (1952), 79.
JORIF, Richard (1930), 68.
JOUET, Jacques (1947), 55.
JULIET, Charles (1934), 26.
KLOTZ, Claude (Cauvin, Patrick)
  (1932), 64.
KRISTOF, Agota (1936), 66.
KUNDERA, Milan (1929), 15.
LACLAVETINE, Jean-Marie (1954),
  23.
LAURRENT, Éric (1960), 45.
LE CLÉZIO, Jean-Marie (1940), 17.
LEIRIS, Michel (1901-1990), 24.
LÉVI, Jean (1948), 60.
MAALOUF, Amin (1949), 76.
MACÉ, Gérard (1946), 8.
MAGNAN, Pierre (1922), 79.
MALET, Léo (1909-1995), 79.
MANCHETTE, Jean-Patrick (1942-
  1995), 79.
MERLE, Robert (1908), 75.
MICHELET, Claude (1938), 78.
MICHON, Pierre (1945), 8.
MODIANO, Patrick (1945), 30.
NDIAYE, Marie (1965), 73, 93.
NOURISSIER, François (1927), 12.
ORMESSON, Jean d' (1925), 16.
ORSENNA, Erik (1947), 62.
OSTER, Christian (1949), 44.

PANCRAZI, Jean-Noël (1949), 21.

PENNAC, Daniel (1944), 84.

PEREC, Georges (1936-1982), 31, 53.

PETIT, Marc (1947), 58.

PEYRAMAURE, Michel (1932), 78.

PINGET, Robert (1919-1997), 38.

POUY, Jean-Bernard (1946), 81.

QUENEAU, Raymond (1903-1976), 52.

QUIGNARD, Pascal (1948), 8.

RAVALEC, Vincent (1967), 91.

RAYNAL, Patrick (1946), 81.

REZVANI (Bassiak, Cyrus) (1928), 30.

RINALDI, Angelo (1940), 19.

ROBBE-GRILLET, Alain (1922), 36.

ROBERTS, Jean-Marc (1954), 20.

ROUAUD, Jean (1952), 29.

ROUBAUD, Jacques (1932), 34, 54.

SABATIER, Robert (1923), 11.

SAGAN, Françoise (1935), 11.

SALLENAVE, Danièle (1940), 47.

SALVAYRE, Lydie (1959), 21.

SARRAUTE, Nathalie (1900), 39.

SCHREIBER, Boris (1925), 26.

SERENA, Jacques (1950), 90.

SIGNOL, Christian (1947), 78.

SIMON, Claude (1913), 37.

SOLLERS, Philippe (1936), 41.

TOURNIER, Michel (1924), 14.

TOUSSAINT, Jean-Philippe (1957), 45.

TRISTAN, Frédérick (1931), 57.

TROYAT, Henri (1911), 10.

VARGAS, Fred (1957), 82.

VAUTRIN, Jean (1933), 83.

VISAGE, Bertrand (1952), 22.

VOLODINE, Antoine (1950), 67.

YOURCENAR, Marguerite (1903-1987), 7.

RÉALISATION : PAO ÉDITIONS DU SEUIL
IMPRESSION : AUBIN IMPRIMEUR À POITIERS
DÉPÔT LÉGAL : AVRIL 1998. N° 30934 (L55776)